MARCO POLO

Dänemark

Reisen mit Insider Tipps

Diesen Reiseführer schrieb Thomas Eckert. Die Aktualisierung besorgte Christoph Schumann, Redakteur und Übersetzer mit Schwerpunkt Skandinavien.

www.marcopolo.de

Infos zu den beliebtesten Reisezielen im Internet, siehe auch Seite 110

SYMBOLE

Insider Tipp **MARCO POLO INSIDER-TIPPS:**
Von unseren Autoren für Sie entdeckt

★ **MARCO POLO HIGHLIGHTS:**
Alles, was Sie in Dänemark kennen sollten

HIER HABEN SIE EINE SCHÖNE AUSSICHT

WO SIE JUNGE LEUTE TREFFEN

PREISKATEGORIEN

Hotels

€€€	über 145 Euro
€€	85–145 Euro
€	unter 85 Euro

Die Preise gelten, wenn nicht anders angegeben, für ein Doppelzimmer mit Frühstück.

Restaurants

€€€	über 28 Euro
€€	14–28 Euro
€	unter 14 Euro

Die Preise gelten für ein Hauptgericht ohne Getränke.

KARTEN

[122 A1] Seitenzahlen und Koordinaten für den Reiseatlas Dänemark

[U A1] Koordinaten für die Kopenhagenkarte im hinteren Umschlag

Zu Ihrer Orientierung sind auch die Orte mit Koordinaten versehen, die nicht im Reiseatlas eingetragen sind.

GUT ZU WISSEN

Dänische Spezialitäten **20** · Bier = Øl **32** · FKK **39** · Umwelt **51**
Weihnachtsmarken **75** · Versöhnung **87**

INHALT

Die wichtigsten MARCO POLO Highlights

Sehenswürdigkeiten, Orte und Erlebnisse, die Sie nicht verpassen sollten

1 Fanø
Die Insel der weiten Strände ist nur mit der Fähre zu erreichen (Seite 29)

2 Blåvand, Vejers Strand, Henne Strand
Nichts als Sand, Dünen, Wind und Meer – und über allem der unendliche Himmel des Nordens (Seite 31)

3 Nordsømuseet
Die ganze Unterwasserwelt der Nordsee auf einen Blick: ein großes Abenteuer für Augen und Ohren in Hirtshals (Seite 33)

4 Altstadt
Über 100 Häuser stehen in Ribe unter Denkmalschutz. Und einen Nachtwächter gibt es auch (Seite 38)

5 Den Gamle By
Ein Freilichtmuseum mitten in Århus mit Kneipen, Restaurants und hübschen Läden (Seite 48)

6 Kunstmuseum Trapholt
Wie ein modernes Kloster wirkt das Museum in Kolding, dessen Innenräume mit einer Strenge und Klarheit gestaltet wurden, wie sie nur in Skandinavien möglich ist (Seite 57)

7 Ærøskøbing
Die Hauptstadt der Insel Ærø könnte eine Puppenstube sein, so unglaublich perfekt ist sie erhalten geblieben (Seite 60)

Strand bei Blåvands Huk

Kreidefelsen von Møn

8 Egeskov
Das perfekteste Renaissanceschloss Dänemarks – der Anblick allein kann verzaubern (Seite 63)

9 Valdemars Slot
Das märchenhafte Schloss bei Svendborg ist heute Museum, Restaurant und Pension – und immer ein Erlebnis (Seite 75)

10 Lille Havfrue
Wahrzeichen von Kopenhagen: die kleine Meerjungfrau (Seite 82)

11 Tivoli
Nicht der größte, aber auf jeden Fall der schönste Vergnügungspark der Welt in der dänischen Hauptstadt (Seite 83)

12 Frederiksborg Slot
Das Schloss, in dem Christian IV. geboren wurde, liegt wie eine Märchenburg an einem See nördlich von Kopenhagen (Seite 85)

13 Louisiania/Humlebæk
Einst ein unbedeutendes Herrenhaus, heute eines der bedeutendsten Kunstmuseen Europas (Seite 86)

Chinesischer Turm im Tivoli

14 Wikingerzentrum
Sie waren die besten Seeleute ihrer Zeit. Was sie hinterließen, kann man in Roskilde bestaunen – vor allem ihre schnellen Boote (Seite 88)

15 Møns Klint
Sie wurden besungen und gemalt: Bis zu120 m ragen die weißen Klippen in die Höhe – ein aufregendes Stück Natur (Seite 92)

★ *Die Highlights sind in der Karte auf dem hinteren Umschlag eingetragen*

Entdecken Sie Dänemark!

Alles offen: Im ältesten Königreich Skandinaviens hat die Zukunft längst begonnen

Den Dänen geht es gut – so gut, dass manche Experten angesichts der anhaltend positiven wirtschaftlichen Entwicklung der letzten Jahre bereits zu warnen beginnen. Die Arbeitslosigkeit ist so niedrig wie seit 30 Jahren nicht mehr, die Löhne liegen deutlich über EU-Durchschnitt. Doch vor allem der scheinbar unaufhaltsame Anstieg der Immobilienpreise nährt Befürchtungen vor einer Spekulationsblase, die irgendwann platzen könnte. Noch ist davon aber nichts zu merken – im Gegenteil. Immer mehr der 5,3 Mio. Dänen investieren in Eigentumswohnungen, in ein Haus mit Garten auf dem Land – oder sie kaufen oder bauen sich eines der beliebten Ferienhäuser, am besten natürlich in unmittelbarer Nähe der rund 7300 km langen Küste. Allerdings müssen die Untertanen von Königin Margrethe II. für die dänisch Sommerhäuser *(sommerhuse)* genannten Feriendomizile heute im Durchschnitt mehr als doppelt so viel zahlen wie vor knapp zehn Jahren. Der Wohlstand machts möglich – und die Dänen sind zufrieden, mehr noch: glücklich. Das jedenfalls ist das Ergebnis einer weltweiten Studie, die die Erasmus-Universität Rotterdam 2005 veröffentlichte. Im Vergleich von 90 Ländern leben die glücklichsten Menschen zwischen Svendborg und Skagen, zwischen Blåvand und Nexø. Da kann selbst die Schweiz auf Platz zwei nicht mithalten.

Der Leuchtturm bei Rubjerg wird langsam von den Dünen begraben

Amalienburg Slot, Wachablösung

Dänemarkreisende können zumindest in den schönsten Wochen des Jahres ein wenig von diesem Umstand profitieren. Das tun alljährlich rund 1,5 Mio. Gäste aus dem südlichen Nachbarland. Damit bilden die Deutschen die mit Abstand größte Gruppe ausländischer Touristen. Ihre Wahl ist klar: Die meisten von ihnen verbringen ihren Urlaub in einem der *hyggeligen,* also gemütlichen und immer komfortableren Ferienhäuser.

Geschichtstabelle

826 Der fränkische Mönch Ansgar bringt das Christentum nach Dänemark

962 König Harald Blauzahn tritt zum Christentum über

1380 Olav III. erbt Norwegen, Island, die Färöer und Grönland

1397 Dänemark, Schweden und Norwegen werden ein Reich unter dänischer Flagge

1523 Schweden wird unabhängiger Staat

1536 Christian III. führt die Reformation ein

1563–70 Siebenjähriger Krieg gegen Schweden

1588–1648 Christian IV. gründet Oslo, Kristiansstad und Glückstadt, wird zum Erneuerer Kopenhagens und kämpft im Dreißigjährigen Krieg auf der falschen Seite: Dänemarks Vormachtstellung im Norden ist dahin

1660 Die absolute und erbliche Monarchie wird eingeführt

1848/49 Einführung der konstitutionellen Monarchie. Aufstand in Schleswig-Holstein, der niedergeschlagen wird

1864 Nach der Niederlage bei Dybbøl annektieren die siegreichen Österreicher und Preußen Schleswig-Holstein. Wenig später fallen die Herzogtümer endgültig an Preußen

1914–18 Dänemark bleibt im Ersten Weltkrieg neutral

1918 Island wird selbstständig

1920 Der nördliche Teil Schleswigs fällt nach einer Volksabstimmung wieder an Dänemark

1924 Erste von Sozialdemokraten geführte Regierung

1940–45 Besetzung Dänemarks durch die deutsche Wehrmacht

1949 Dänemark wird Gründungsmitglied der Nato

1953 Neue Verfassung und Verankerung der weiblichen Thronfolge

1972 Margrethe II. wird Königin

1973 Beitritt zur EG

1989 Die Ehe zwischen gleichgeschlechtlichen Partnern wird erlaubt

2000 Die Dänen stimmen gegen die Einführung des Euro

2004 Kronprinz Frederik heiratet die Australierin Mary Donaldson

2005 Am 15. Oktober bringt Kronprinzessin Mary einen Thronfolger zur Welt

Auf dem Amagertorv in Kopenhagen steht dieser Brunnen

Ob es den Dänen so gut geht, weil sie die europäische Gemeinschaftswährung Euro nicht eingeführt haben oder gerade deshalb, bleibt dabei eine offene Frage. Tatsache ist, dass sich die überzeugten Skandinavier bei der letzten Abstimmung Ende 2000 gegen den Euro aussprachen. Die Dänen wollten lieber ihre Krone behalten – auch wenn diese so eng an den Euro gekoppelt ist, dass pekuniäre Freiheit kaum möglich ist. Also haben sich die Dänen an die neue Währung gewöhnt: Als Zweitwährung von Touristen, die damit in vielen Feriengebieten Dänemarks bezahlen können, ist der Euro längst ein Stück Alltag. Ein gewisser Pragmatismus kennzeichnet die Dänen letztlich schon seit der Wikingerzeit: Sie reden lokal, denken regional – und handeln gern global: mit Wirtschaftsbeziehungen in die ganze Welt. Dänemark ist ein Land, das sich dem Neuen öffnet. Und Neues bedeutet heute zumeist das wirtschaftlich Neue. Das einst reine Agrarland hat seine Landwirtschaft umstrukturiert: Dänische Bauern arbeiten heute so produktiv wie wenige ihrer Kollegen weltweit. Mit einer modernen Infrastruktur, neuen Autobahnen und vor allem den Brücken über den Großen Belt und über den Øresund nach Schweden hat sich Dänemark zu einer modernen Dienstleistungsgesellschaft gewandelt. In Zukunftstechnologien wie etwa der Windkraft gilt das Land weltweit als führend. Dies trifft auch für Medizin und Pharmazie zu: Am Øresund rund um Kopenhagen liegt das »Medicon Valley«, in dem zahlreiche Pharmafirmen forschen und produzieren.

» *Die Dänen sind zufrieden, mehr noch: glücklich* «

Apropos Kopenhagen: Dänemarks Hauptstadt ist nicht nur das kulturelle und wirtschaftliche Zentrum des Landes – Kopenhagen ist die skandinavische Boomtown schlechthin. Entlang der neuen Hafenfront entstanden und entstehen architektonische Highlights wie der Erweiterungsbau der altehrwürdigen Königlichen Bibliothek, »Schwarzer Diamant« genannt, oder das 2005 eingeweihte neue Opernhaus des Architekten Henning Larsen. Und im Süden der Hauptstadt ist das neue Stadtviertel Ørestad fast vollendet, in dem schon bald um die 20 000 Menschen leben und arbeiten sollen – der Mittelpunkt der so genannten dänisch-schwedischen Øresundregion, die von den südschwedischen Städten Lund und Malmö bis Kopenhagen seit der Eröffnung der sehenswerten Øresundbrücke im Jahr 2000 hinüber nach Schweden entsteht. Insgesamt wohnen knapp 3 Mio. Menschen in Skandinaviens größtem Wirtschaftsraum – Kopenhagen ist längst skandinavische Metropole Nummer eins, sein Flughafen Kastrup Drehkreuz zwischen Nordeuropa und der Welt.

»Die Kreidefelsen von Møn sind ein Naturwunder«

Doch Kopenhagen wäre nicht dänisch, wenn der nächste Sandstrand nicht selbst in der Hauptstadt schnell erreicht wäre. Denn trotz moderner Zeiten lebt man in Dänemark auch im 21. Jh. mit der Natur. Und das heißt in einem Land, in dem kein Punkt weiter als 55 km vom nächsten Strand entfernt ist, mit dem Meer und am Meer. Doch Strand ist in Dänemark nicht gleich Strand und Meer nicht gleich Meer: Nord- und Ostsee haben ihren ganz eigenen Charakter, die Kontraste könnten kaum größer sein. Fast endlos ziehen sich breite Strände entlang der Nordseeküste im Westen Jütlands. Sie beginnen auf Rømø im Süden und enden an der Nordspitze Grenen bei Skagen, wo sich Nord- und Ostsee oft brausend treffen. Von hier der Ostküste nach Süden folgend, entdeckt man lebendige Städte wie Randers, Århus oder Vejle. Und natürlich feine Sandstrände, kleine Steilküsten oder Strände mit glatt geschliffenen Steinen. Kleine und große Fjorde graben sich ins Landesinnere. Der größte von ihnen ist der Limfjord im Norden, der Nord- und Ostsee miteinander verbindet. Ein besonderes Stück Jütland und ein Urlaubsziel für sich sind Inseln wie Fanø, Læsø oder Samsø.

Insel und eine Art Verbindungsglied zwischen Jütland und Seeland ist auch Fünen. Die Heimat des dänischen Märchendichters Hans Christian Andersen ist selbst von zahlreichen kleinen Eilanden umgeben: Die dänische Südsee zwischen Ærø, Langeland, Als und kleinen Flecken wie Lyø oder Strynø gilt als eines der beliebtesten Segelreviere Europas. Von hier ist es nur ein Katzensprung nach Ostdänemark mit den Inseln Lolland, Falster und Møn. Alle drei besitzen herrliche, kinderfreundliche Sandstrände, und die Temperaturen liegen meist etwas über Landesdurchschnitt. Dazu kommt ein Naturwunder: Die Kreidefelsen von Møn sind ein faszinierendes Muss für Dänemarkreisende.

Historisch ganz besonders reich ist die Hauptstadtinsel Seeland. Nirgendwo sonst im Land liegen so viele Schlösser und Herrenhöfe wie hier. Und neben der aktuellen Hauptstadt Kopenhagen liegt mit Roskilde auch der frühere Königssitz auf Seeland.

Womit wir bei einem Stück Tradition wären, das den durch und durch demokratischen Dänen ebenso lieb wie teuer ist: dem Königshaus. Dänemark ist königs- bzw. königinnentreu und steht seit fast 35 Jahren fest zu seiner Regentin Margrethe II. Und die nächste und übernächste Monarchengeneration ist auch schon in den Herzen verankert: Zehntausende feierten mit Kronprinz Frederik in den Straßen von Kopenhagen, als dieser im Sommer 2004 seine Auserwählte Mary heiratete. Millionen verfolgten die Traumhochzeit im Fernsehen – ein Land im Ausnahmezustand. Kein Wunder also, dass auch der im Oktober 2005 geborene Sohn der beiden sofort ein Stück »Volkseigentum« und noch am Tag seiner Geburt mit Geschenken überhäuft wurde. Keine Frage: Anders als in anderen Monarchien ist der Sturz des Throns in Dänemark kein Thema.

Gut 5000 km Badestrände an Nord- und Ostsee

Knapp 5000 km Strände an den Küsten von Nord- und Ostsee machen das Königreich mit der ältesten Nationalflagge der Welt – mit weißem Kreuz auf rotem Grund – zu einem idealen Ziel für genussvolle Sommerurlaube mit abwechslungsreichen Strandtagen. Doch auch auf stundenlangen Strandspaziergängen in Frühjahr, Herbst oder Winter können Sie Dänemark und die dänische Lebensart entdecken – und dabei Abschalten vom Stress und natürliche Wellness erfahren.

Store Klint, die große Klippe an der Ostküste der Insel Møn

Die besten Wikinger der Welt

Egal ob Königshaus, Fisch oder Fußball – in Dänemark ist alles vom Feinsten. Da können Sie jeden Dänen fragen!

Andersen, Hans Christian
Der Mann der Märchen und der Fabeln, dessen Vater in Odense Schuhmacher war und der später alles tat, um nie wieder in kleinen Verhältnissen leben zu müssen, steht in dem Ruf eines Nationalhelden. König Christian IV. wurde der Baumeister Kopenhagens, sein Astronom Tycho Brahe holte die Sterne vom Himmel, aber der bürgerliche Andersen war der wahre Zauberer. Er verwandelte Elend in Reichtum, Traurigkeit in Fröhlichkeit, Angst in Zuversicht. Andersen (1805–75) war ein gern gesehener Gast bei den Adligen Dänemarks; monatelang lebte er auf ihren Schlössern und Herrenhäusern und schrieb in dieser herrschaftlichen Geborgenheit. Eine eigene Familie, eine Frau, Kinder hat er nicht gehabt. Alles, was er hatte, waren seine Märchen, seine Fabeln, seine Geschichten. Andersen war sicher einsam – wäre er es nicht gewesen, er hätte nicht so eindringlich von Hoffnung und der Möglichkeit einer besseren Zukunft fabulieren können.

Haus am Strand bei Gammel Skagen im Norden Jütlands

Blixen, Karen
Die große alte Dame der dänischen Literatur des 20. Jhs. lebte bis zu ihrem Tod 1962 zurückgezogen auf ihrem Landsitz Rungstedlund nördlich von Kopenhagen. Im Park hinter dem Haus liegt sie unter einer Eiche begraben. Ihr erster Mann, ein Adliger, war Schwede. Mit ihm ging sie nach Afrika, bewirtschaftete eine Kaffeefarm, verliebte sich in einen anderen Mann, ließ sich scheiden, machte Bankrott, kehrte nach 17 Jahren Afrika nach Dänemark zurück und schrieb den Roman einer überwältigenden Liebe: »Afrika, dunkel lockende Welt«. Die Verfilmung wurde unter dem Titel »Jenseits von Afrika« ein Welterfolg. In ihren späten Jahren in Dänemark wurde sie zu der publizistischen Instanz des Landes, eine *Grande Dame de Lettres,* fordernd, hart urteilend, hart arbeitend. Rungstedlund, das Haus ihrer Eltern, ist heute ein bezauberndes Museum, in dem man die Luft zu atmen meint, die schon die große Blixen inspirierte.

Bornholm
Nirgends in Dänemark scheint öfter die Sonne. Bornholm ist das Mekka

Highnoon in Kopenhagen: Wachwechsel der königlichen Garde

der Familien mit Kindern: Der Verkehr ist noch ruhiger als sonst in Dänemark, viele Strände sind kinderfreundlich. Auf Bornholm gilt eine besondere Regel: Zu keinem Zeitpunkt sollen sich mehr Touristen auf der Insel aufhalten, als es Einwohner gibt – 45 000. Ausführliche Informationen zu dieser Insel finden Sie im MARCO POLO Reiseführer »Bornholm« oder im Internet unter *www.bornholm.info.*

Brahe, Tycho

König Christian IV. war ein aufgeklärter und absoluter Monarch, an allem interessiert, was seinem Land von Nutzen sein konnte. Der Herrscher auf der Erde wollte auch den Himmel erobern. Seinem Hofastronomen Tycho Brahe (1546–1601) ließ er mitten in Kopenhagen ein Observatorium bauen. Nach einigen Jahren der Eintracht fiel der impulsive Brahe in Ungnade. Der Astronom errichtete sich daraufhin eine Sternwarte auf der Insel Hven, im Øresund. Brahe war nicht nur der Lehrmeister von Johannes Kepler, er beschrieb auch als Erster die Bewegungen der Planeten so präzise, dass kaum noch ein Zweifel daran bestehen konnte, wer um wen kreist – die große Streitfrage der Zeit.

Brugsen

Supermarkt ist gleich Supermarkt – nichts da. Denn Brugsen ist ursprünglich etwas ganz anderes. Die Ladenlokale von Brugsen (Super Brugsen, Dagli' Brugsen, Lokal Brugsen) sehen aus wie andere auch. Doch hinter dem Konzept steckt ursprünglich das Modell einer Genossenschaft, an der die meisten Dänen bis heute Anteile halten. Doch erst Größe macht auch in Skandinavien die Preise richtig klein: Mittlerweile gehört Brugsen gemeinsam mit den dänischen Kvickly-Läden und anderen zum Norwegen und Schweden umfassenden Multi *Coop Norden.*

Demokratie

Dänemark ist eine Monarchie. Aber die demokratischen Traditionen reichen aller Königstreue zum Trotz bis weit in das 19. Jh. zurück. Es ist diese lange Tradition, die auch das Klima im Kleinen bestimmt. In Dänemark gibt es den Begriff der *nærdemokratie,* der Demokratie im engsten Umfeld. Da wird über eine neue Straße ebenso heiß debattiert wie über die Aufnahme von Flüchtlingen – und immer wirkt es auf außen Stehende so, als würde trotz aller Leidenschaft nie eine gewisse Grenze überschritten. Der andere wird nie zum Feind. Das mag hin und wieder etwas Quälendes haben, aber es garantiert ein ungeheuer wichtiges Gut: sozialen Frieden.

Färöer

Die aus 18 Inseln bestehende Gruppe der Färöer (dänisch *Færøerne,* färöisch *Føroyar,* Schafinseln) mit einer Fläche von knapp 1400 km^2 liegen etwa 600 km westlich der norwegischen Küste im Atlantik. Auf den seit 1948 autonomen Inseln leben 45 000 Menschen, Haupterwerbsquelle ist der Fischfang. Langjährige Bemühungen um die Unabhängigkeit erhielten 2001 einen Rückschlag: Eine geplante Volksbefragung wurde aufgegeben, als Dänemarks Ministerpräsident Rasmussen drohte, die finanzielle Unterstützung von jährlich 1,2 Mia. Kronen zu streichen. *www.tourist.fo*

Film

Dänische Filme feiern Erfolge auf Europas Filmfesten. Und in den USA werden Remakes besonders gelungener Streifen gedreht. Neu sind das Interesse an dänischen Filmen und die Qualität made in Denmark nicht – denn die Dänen sind Cineasten, seit es Film gibt. Regisseur Carl Theodor Dreyer (1889 bis 1968) galt in der Stummfilmära ebenso als weltklasse wie Schauspielerin Asta Nielsen (1881 bis 1972). Kult wurden Filme aus dem Königreich, als Lars von Trier Mitte der 1990er-Jahre mit den Dogma-Regeln die neue Schlichtheit bei Kameraführung und Schauspielerei einführte. Trotz des offiziellen Dogma-Endes bleibt Lars von Trier mit theaterartigen Filmen wie »Dogville« (2003) und »Manderlay« (2005) weiter aktuell. Größere Publikumserfolge in ganz Europa erzielen allerdings seine Landsleute: Lone Scherfig mit »Italienisch für Anfänger« etwa, für den sie 2001 den Silbernen Bären in Berlin bekam. Oder Per Fly mit »Die Bank« (2000) oder »Das Erbe« (2003). Auch Susanne Biers »Elsker dig for evigt« (Open Hearts, 2002) und der Afghanistan-Antikriegsfilm »Die Brüder« (2004) sorgten für Aufsehen und waren Kassenschlager. Skurril: »Dänische Delikatessen« (De grønne slagtere, 2003) von Anders Thomas Jensen.

Fischfang

Fisch ist nicht mehr die Grundlage des nationalen Wohlstands. Aber der Fischfang ist ein nationales Symbol. Er bedeutet viel: weil er Unabhängigkeit bedeutet. Und Geschichte. Dänemark war einmal eine Nation aus Bauern und Fischern. Und noch immer sind viele Traditionen, die aus dem Fischfang herrühren, lebendig oder werden zu-

Kurze Rast, gleich gehts weiter: Schlittenhunde auf Grönland

mindest gepflegt. Kein Supermarkt, in dessen Regalen nicht mindestens zehn Sorten eingelegter Heringe im Glas zu finden sind, keine Cafeteria ohne Krabbenbrot (auch wenn die Krabben aus der Tiefsee stammen). Der EU-Quote folgen, Trawler stilllegen, aufgeben? Nur unter großem Protest. Denn Fisch ist mehr als nur Fisch. Und so stechen die immer weniger werdenden hauptberuflichen dänischen Fischer täglich mit großen Protestsymbolen ins Meer – ein ausgestreckter Mittelfinger auf dem Segel symbolisiert die ganz persönliche Einstellung zur Europäischen Union ...

Grönland

Dänemark hat sich lange schwer damit getan, seine einstige Kolonie, die die Inuit *Kalaalit Nunaat,* Land der Menschen, nennen, in die Selbstständigkeit zu entlassen. Noch in den 1950er-Jahren wurden ganze Familien zwangsweise umgesiedelt, um den Weg zu Ölfeldern frei zu machen. 1979 aber erhielt die mit knapp 2,2 Mio. km^2 größte Insel der Welt ein eigenes Parlament *(Landsting)* und eine eigene Regierung *(Landsstyre).* Und viele der rund 55 000 Grönländer, meist Inuit, wären gern völlig unabhängig von der dänischen Krone – Verhandlungen laufen seit Jahren, die wirtschaftliche Lage aber macht das Anliegen problematisch. Reiseinfos zu Grönland im Internet unter *www.greenland.com*

Humor

Humor ist, wenn man trotzdem lacht. Dänische Klassiker: Die Witze der Jütländer über »die da drüben« in Kopenhagen. Und natürlich die Witze der Kopenhagener über die Provinzler. Dänischer Humor ist oft schwarz, fast englisch; aber so gut wie immer auch selbstironisch und gern auch derb – Stand-up-Comedy erfreut sich großer Beliebtheit. Geblödelt wird natürlich auch. Bestes Beispiel und vielleicht Dänemarks berühmtestes Humor-Exportprodukt: die Olsenbande um ihren Chef Egon alias Ove Sprogøe. Zwischen 1968 und 1981 (für den »Letzten Stich« wurden die Rentnerdiebe 1998 noch einmal reaktiviert) drehte Regisseur Erik Balling dreizehn Episoden mit dem Gaunertrio, das immer wieder am großen Coup arbeitet – und auf die Nase fällt. Die Olsens waren in West- und Ostdeutschland beliebt. Besonders aber in der DDR – wo sonst hätte Egons »Ich habe einen Plan« auch so treffend zum geflügelten Wort werden können?

Monarchie

Königin Margrethe II., die seit 1972 amtiert, und ihr Prinzgemahl Henrik, ein Franzose von Adel, sind sehr beliebt. Nur Kronprinz Frederik und seine australische Frau Mary lassen noch mehr Herzen höher schlagen. Wo sonst kann es sich eine Königin leisten, öffentlich zu rauchen und Witze zu reißen und überhaupt so menschlich zu sein wie die gewöhnlichen Sterblichen? Die dänische Monarchie, so viel ist sicher, sitzt fester im Sattel als je zuvor. Sie gibt sich volkstümlich – und sie ist es auch. Da hat das Volk auch nichts dagegen, wenn dieser Luxus ein paar Hundert Millionen Kronen pro Jahr kostet. Wer liebt, der zahlt.

Nationalstolz

Dänen sind stolz; auf ihr Land und auf sich selbst. *Verdens bedste,* das Weltbeste, lautet einer der Begriffe, mit denen gern ausgefallenes Design, aber auch die neueste Biersorte gefeiert werden. Das hat vielleicht auch ein ganz klein wenig mit mangelndem Selbstbewusstsein zu tun.

Die kleine Nation von heute war vor 400 Jahren eine große Nation, ja eine Weltmacht. Und manchmal scheint es, als hätte sich das Land noch immer nicht mit seinem Schicksal abgefunden. Aber weil die Dänen klug sind, wissen sie, dass es tatsächlich viele Dinge gibt, auf die sie stolz sein können. Und deshalb äußert sich ihr Stolz so ganz und gar ohne Aggressionen. Und darauf können die Dänen wirklich stolz sein – das macht ihnen in dieser Welt so schnell keiner nach. Am Ende stimmt es also doch: *verdens bedste.*

Wikinger

Es war um das Jahr 1000, als die Wikinger ihre Blütezeit erlebten. Ein wildes, starkes Seefahrervolk, hemmungslos, räuberisch, rücksichtslos. So will es jedenfalls die Legende. In Wahrheit waren die Wikinger sicher auch das, aber sie waren noch viel mehr: Handelsleute, Weltreisende, Kultur Schaffende. Die Faszination vieler Dänen für ihre Vorfahren ist also durchaus verständlich. Beinahe überall im Land hat man ihre Festungen ausgegraben oder ihre Schiffe rekonstruiert und lebt in Wikingersiedlungen nach, wie es wohl vor 1000 Jahren gewesen sein mag.

Der Mythos der Wikinger ist aber nicht nur eine dänische Angelegenheit. Die Wikinger verbinden den gesamten Norden. So gesehen sind die Wikinger so aktuell wie vor 1000 Jahren. Informationen über alles, was mit Wikingern zu tun hat, finden Sie im Internet unter *www.ribesvikinger.dk.*

Überraschen, verführen, begeistern

Dänische Küche, gibt es so etwas überhaupt? Ja, und wie. Aber sie hat ihren Preis

Gut, dass es Vorurteile gibt. Sie sind so angenehm leicht zu widerlegen. Einen Nachteil haben sie aber doch: Ihnen scheint ewiges Leben beschieden. Vorurteil Nummer eins: Dänische Küche gibt es nicht. Nichts falscher als das. In den letzten Jahren hat sich eine Küchenrevolution ereignet. Junge dänische Köche haben sich in der Welt umgesehen – und die Welt mit nach Hause gebracht. Selbst das Hotel D'Angleterre in Kopenhagen, wo Könige tafeln und die Reichen dieser Welt, hat sich dem Neuen geöffnet und ein kleines, elegantes Restaurant eröffnet, in dem sich trifft, was auf Etikette verzichten kann, aber nicht auf eine exquisite Küche. Ein Beispiel unter vielen. Die jungen dänischen Kochkünstler überall im Land haben nichts mehr mit fetten Saucen, langweiligen Braten oder roter Grütze mit Sahne am Hut. Was Köche wie Nikolaj Kirk, die Zwillinge Jesper und Richard Koch oder Morten Nielsen und viele andere auszeichnet, ist ihre Konzentration auf lokale Grundprodukte. Die Grundlage einer wirklich dänischen Küche. Die Köche, Künstler und Handwerksmeister in einer Person sind bestrebt, wenn möglich alles aus der näheren Umgebung zu beziehen, so frisch und so gut es eben geht. Mit anderen Worten: Sie legen größten Wert auf Qualität. Und damit wären wir bei Vorurteil Nummer zwei: alles viel zu teuer. Qualität, daran wird sich wohl kaum etwas ändern, hat ihren Preis. Selten ist eine gebratene Scholle unter 20 Euro zu haben, in den besseren Restaurants liegen die Preise in aller Regel über 25 Euro. Das schmerzt, aber überteuert ist es nicht. Man muss nicht Gourmet sein, um zu entdecken, dass es die dänische Küche wirklich und wahrhaftig gibt. Wer allerdings glaubt, Hotdog, *pølser*, Frikadelle und Schollenfilet sei alles, der ist mächtig auf dem Holzweg. Obwohl: Auch die einfachen Genüsse können Genüsse sein. Man sollte allerdings nicht den Fehler machen, sie in Fastfoodbratereien oder Imbissen zu suchen. Und wenn man sie dort nicht gefunden hat, von der

Die Tische sind festlich gedeckt – dänisches Ambiente

Dänische Spezialitäten

Lassen Sie sich diese Köstlichkeiten gut schmecken!

Speisen

Æggekage – eigentlich ein traditionelles Bauerngericht: Der Eierkuchen wird heiß in der Pfanne serviert. Beilagen: keine

Anretning – zehn Gänge, warme und kalte Speisen wechseln sich ab. Dazu wird gesungen und Schnaps getrunken

Bakskud – geräucherter und getrockneter Plattfisch, der vor dem Servieren erwärmt wird. Gibt es so nur auf der Insel Fanø

Biksemad – Resteessen: Kartoffeln, Gemüse, Eier

Dansk bøf – Frikadellen, frisch gebraten, nur echt mit gebratenen Zwiebeln, Kartoffeln und Roter Bete als Beilage

Flæskesteg – Schweinebraten. Gute Qualität ist leider rar

Fyldt rødspætte – gefüllte, gebratene Scholle. Die Füllung besteht meist aus Tiefseekrabben und Spargelspitzen

Gåsebryst – über einem Blätterteigboden wölbt sich ein Sahneberg, der einen Pflaumenmuskern umschließt. Mit Marzipan überzogen

Kanelstang – besteht aus Blätterteig, Mandelsplittern, Marzipan und Zimt; selten weniger als einen halben Meter lang

Rødgrød med fløde – rote Grütze mit Sahne. Die Grütze ist aber weniger Grütze als vielmehr eine dickflüssige Beerenmischung, die mit Sahne oder mit Vanillesauce serviert wird

Smørrebrød – Weißbrot oder Schwarzbrotscheiben, belegt mit paniertem Fischfilet, Krabben, Leberpastete und anderem

Stegt ål – gebratener Aal. Das Gute dabei: Der Aal kommt mit fast 100-prozentiger Sicherheit aus dänischen Gewässern

Wienerbrød – ähnlich lang wie eine *kanelstang*, mit einer Füllung aus Marzipan oder Buttercreme; Mandelsplitter liegen obenauf

Getränke

Aalborg Akvavit – der Schnaps Nummer eins in Dänemark. In Aalborg werden seit über 100 Jahren mehr als zehn verschiedene Sorten Aquavit hergestellt

Gammeldansk – der dänische Magenbitter schlechthin. Wird manchmal schon vorm Frühstück als Muntermacher eingenommen

eigenen Bequemlichkeit auf die Qualität im Ganzen schließen. Es wird jedem auffallen, der das Land bereist: kein Ort, fast kein Dorf, in dem es nicht wenigstens einen Bäcker gibt. Das Süße hat im dänischen Leben seinen festen, unerschütterlichen Platz. Legende ist die Zahl an Blätterteigkreationen; berühmt sind die Cremes, mit denen das Gebäck gefüllt wird. Es gibt Törtchen und Torten wie überall – aber die Sahne schmeckt einfach satter, kräftiger, süßer (weil sie ein paar Prozent mehr Fett hat als in diesen mageren Zeiten üblich). Eine besondere Spezialität ist das bis zu einem halben Meter lange *Wienerbrød* mit Marzipan und Walnussscheibchen – eine süße Versuchung, der man nur schwer widerstehen kann. Die Mohnbrötchen heißen *Birkes* und sind so federleicht, dass einzig und allein der Mohn, mit dem sie bestreut sind, ihnen etwas Schwere verleihen kann. *Rundstykker* (Brötchen) sind tatsächlich so rund, wie es ihr Name verspricht: Sie bilden das Rückgrat der Brötchenzunft. In den letzten Jahren haben sich gewisse Vorteile einer ökologisch orientierten Ernährung offenbar auch bis nach Dänemark herumgesprochen. Immer häufiger werden Brötchen und Brote mit Körnern angeboten, sogar Schwarzbrot *(rugbrød)* ist verstärkt zu haben. Jeder Bäcker, der auf sich hält, hat eigene Mischungen im Programm: nicht nur Backwaren, sondern auch kleine, nahrhafte Leckereien. Es ist etwas in Bewegung gekommen in Dänemark. Nicht geändert hat sich die vom Gewohnten abweichende Bezeichnung der traditionellen Mahlzeiten. In Dänemark bedeutet *middag* Abendessen, *frokost* dagegen Mittagessen. Im Unterschied zu deutschen Gewohnheiten meint *frokost* aber nicht unbedingt ein vollwertiges Gericht, sondern eher eine leichte Zwischenmahlzeit. Ausschließlich *frokost* servieren die so genannten *frokostrestaurants,* oft werden hier *smørrebrød* oder Salate angeboten. Aber inzwischen gibt es für den, der wie gewohnt zu Mittag essen will, genügend Möglichkeiten.

Kaffeetrinker werden sich daran gewöhnen müssen, dass der Kaffee oft nicht frisch aufgebrüht wird, sondern aus warm gehaltenen Gefäßen fließt. Dafür darf so viel getrunken werden, wie es der Durst verlangt – eine Tasse kostet genauso viel wie eine ganze Kanne *(påfyld).* Alternative zum Kannenkaffee: Espresso. Der große Vorteil: Er ist immer frisch. Der große Nachteil: Die Kannenregel gilt nicht.

Manche Deutsche sehen es mit einem gewissen Neid: Die Dänen feiern gern. Und sie verstehen es zu feiern. Es werden Lieder gesungen, es gibt die kleinen Rituale, die einer Gesellschaft geläufig sind, deren Gewohnheiten und Sitten sich nur langsam ändern. Bei größeren Feiern wird das so genannte *anretning* in Angriff genommen: Bis zu zehn Gerichte, von der Suppe bis zum Dessert, werden nacheinander wie ein großes Menü aufgetragen. Die Speisenfolge folgt einem traditionellen Muster aus warmen und kalten Speisen. Das Geheimnis liegt in der Zurückhaltung. Da jeder Däne aus Erfahrung weiß, was ihn erwartet, nimmt er sich von jedem Gang nur eine kleine Portion – der Abend ist lang. Wer das nicht weiß, der kann sich bei dieser Gelegenheit ganz wunderbar blamieren.

Schöner Schein und lebendes Licht

Ob mit der Hand gemacht oder industriell gefertigt: Dänisches Design ist mehr als einfach nur gut

Design & Kunsthandwerk
Über dänisches Design informiert das *Dansk Design Center* am *H. C. Andersens Boulevard 27* in Kopenhagen, *Mo–Fr 10–17, Mi bis 21, Sa/So 11–16 Uhr, www.ddc.dk, Eintritt 40 Kronen.* Wer sich für dänisches Kunsthandwerk interessiert, wird auf *www.crafts.dk* fündig. Eine Broschüre, in der sich wichtige Kunsthandwerker vorstellen, sowie einen Einkaufsführer gibt es bei *Danish Crafts, Amagertorv 1, www.danishcrafts.dk.*

Glas
Der Hoflieferant Holmegaards Glasværker produziert und verkauft seine edlen Gläser südwestlich von Kopenhagen. Man kann bei der industriellen Fertigung und bei der Arbeit traditioneller Glasbläser zuschauen. *Holmegaard, Fensmark* **[131 D2]**, *Führungen Mo–Do 10 bis 13.30, Fr 10–12.30, Mitte März bis Mitte Okt. auch Sa/So 11–14.30 Uhr, Eintritt frei*

Kerzen
Kerzen heißen auf Dänisch *levende lys:* lebendes Licht. Ein deutlicher Hinweis darauf, welche Wertschätzung sie in Dänemark genießen. Kerzen werden also nicht nur für Touristen, sondern auch und vor allem für den einheimischen Markt hergestellt. Sie sind nicht teuer, weil sie in großer Zahl und industriell produziert werden.

Macht Eindruck: Geschäftsraum von Royal Copenhagen

Porzellan: Royal Copenhagen
Das Porzellan der Königlichen ist wirklich königlich: Die dänische Königsfamilie jedenfalls nimmt sich traditionell vom Geschirr dieser Firma, die auch schon für andere Königshäuser gearbeitet hat. *Mo–Fr 9–16 Uhr, Royal Copenhagen Welcome Center, Søndre Fasanvej 5, Eintritt 40 Kronen.* Am *Amagertorv 6* in der Kopenhagener Fußgängerzone *Strøget* befindet sich das Hauptgeschäft von Royal Copenhagen. Hier gibt es auch Produkte der zweiten bedeutenden Porzellanmanufaktur Dänemarks, *Bing & Grøndahl (www.royalscandinavia.com).*

Schmuck: Georg Jensen
Der berühmteste aller dänischen Silberschmiede unterhält in Kopenhagen, *Amagertorv 4,* nicht nur ein Geschäft, es kann auch das Firmenmuseum mit Arbeiten des Künstlers von 1904–40 besichtigt werden.

Feste, Events und mehr

Keine Kinder von Traurigkeit – in Dänemark wird das ganze Jahr gefeiert

Feiertage

1. Januar *Neujahr;* **März/April** *Gründonnerstag; Karfreitag; Ostermontag;* **April/Mai** *Buß- und Bettag* (4. Freitag nach Ostern); **1. Mai** *Tag der Arbeit;* **Mai/Juni** *Christi Himmelfahrt; Pfingstmontag;* **5. Juni** *Verfassungstag;* **25./26. Dezember** *Weihnachten*

Beliebt: Ringreiterwettkämpfe

Feste und Veranstaltungen

Mai/Juni

Mitte Mai: *Karneval in Aalborg.* 100 000 Menschen ziehen durch die Straßen, begleitet und euphorisiert von Sambabands. Die ganze Stadt hat sich verkleidet, gefeiert und getanzt wird bis spät in die Nacht.

Karneval in Kopenhagen. Ein großes, buntes Volksfest im Fœlledparken.

Anfang Juni: *Roskilde Dyrskue.* Seelands größte Tierschau mit Bauernmarkt. Wie in alten Zeiten werden Pferde per Handschlag gekauft, vom Zwerghuhn bis zum Mastochsen ist alles zu haben.

Insider Tipp Mitte bis Ende Juni: *Wikingerspiele* in Lindholm Høje bei Aalborg. Die Spiele, prächtiges Theater und Historienspiel zugleich, sind von einer solch dichten Atmosphäre, dass man glauben könnte, Thor hätte diese Wikinger als Wiedergänger zu uns geschickt.

23. Juni: *Skt. Hans.* Die große Feuerparty findet überall in Dänemark zur Feier der Sommersonnenwende statt. An den Stränden werden große Reisighaufen entzündet.

Juli

Anfang Juli: *Roskilde Festival.* Das größte Rock- und Popfestival

Dänemarks wird jedes Jahr von etwa 70 000 Menschen besucht.
1. Wochenende: *Ringreiten und Sønderjysk Tattoo* in Aabenraa. Das Tattoo von Brundlund Slot ist das einzige professionelle Tattoo, an dem ausschließlich Militärkapellen teilnehmen. Gleichzeitig findet auf Brundlund eines der größten Ringreiterturniere Jütlands statt.
3. Wochenende: Regatta *Rund Fünen.* 100 historische Segelschiffe umsegeln in drei Tagen die Insel.

August

1. Donnerstag: *Markttag anno 1890* in Svendborg/Fünen. Als wäre die Zeit stehen geblieben: Auf dem Marktplatz im Zentrum stehen 100 Buden, und wer sich im Stil der Zeit kleidet, erhält eine Gratismahlzeit.
Mitte August: *Baltic Sail* in Helsingør. Historische Segler und Dampfschiffe liegen im Hafen vertäut oder machen sich bereit für die kleine Fahrt auf dem Øresund. An Land wird von früh bis spät gefeiert.
3. Dienstag: *Klostermarkt* in Løgumkloster/Westjütland. Pferde- und Flohmarkt, der jedes Jahr mehr als 50 000 Menschen anzieht.
Ende August: ★ *Europäisches Mittelalterfest* in Horsens/Ostjütland. Zauberer, Musiker, Ritter und Mönche verwandeln das Fest in einen großen Jahrmarkt.

September

Anfang September: *Drachenfestival* auf Rømø/Westjütland. Am Strand von Lakolk steigt das größte Drachenfestival Dänemarks. Hunderte von selbst gebauten Drachen streiten um den Titel des Drachenkönigs, Profis zeigen, was man mit Drachen alles machen kann.

November/Dezember

Die Adventswochen sind die Zeit der Weihnachtsmärkte. Besonders romantisch ist *Jul i Tivoli* – Kopenhagens Vergnügungspark erscheint ab Mitte November im Glanz Tausender Lampen und ganz ohne Rummel. Weihnachten wie früher im Schein von Gaslaternen und Fachwerk erlebt man beim *Jul i Den Gamle By* im Freilichtmuseum in Århus, ebenfalls ab Mitte November (beide außer 24./25.12.). Beliebt ist auch der Weihnachtsmarkt *Julebyen* in Tønder (Mitte Nov.–21.12.).

Sankt Hansaften am 23. Juni

Im Westen immer wieder Neues

Wasser, Wind und Dünen: Jütlands Westküste ist ein Badeparadies. Und noch viel mehr

Die Westküste ist die raue Seite Dänemarks, spröde und unzugänglich – könnte man meinen. Aber das trifft nur zu, wenn das Meer aufgepeitscht über die Strände rollt und an den Dünen frisst. Wenn die Sonne scheint, sieht alles ganz anders aus: fast lieblich, sanft und freundlich. Strände, so weit das Auge reicht, kilometerlange Dünenketten, eine unendlich scheinende Nordsee – das ist die eine Seite der Westküste. Charmante Städte und idyllische Dörfer, ein von Wiesen und Feldern durchzogenes Hinterland, verwunschene Landschaften unmittelbar hinter den Dünen – das ist die andere. Es ist dieser Gegensatz, der den Charakter der Westküste bestimmt. Aktuelle Informationen zur dänischen Nordseeküste finden Sie im Internet unter *www.visitvestjylland.com.*

Spaß am Strand von Ringkøbing

ESBJERG

[128 A–B3] Esbjerg (78 000 Ew.) ist die jüngste Stadt Dänemarks. Als nach dem Frieden von Wien 1864 die Herzogtümer Lauenburg, Schleswig und Holstein (und damit die Hafenstadt Husum) unter preußische bzw. österreichische Verwaltung kamen, brauchte Dänemark einen neuen Hafen für den Handel mit der Welt. Die Wahl fiel auf Esbjerg, das zu der Zeit nicht mehr als ein unbedeutendes Fischerdorf war. Heute wird die Stadt von ihrem Hafen geradezu beherrscht. Esbjerg ist keine Schönheit, aber nicht zuletzt seit sich die Stadt 1997 Jörn Utzons Musikhaus leistete, hat sie sich als eine Kulturmetropole der Westküste etablieren können.

Sandstrand bei Blåvands Huk, dem westlichsten Punkt Dänemarks

SEHENSWERTES

Hafenrundfahrt
Wo die Fähren nach Fanø ablegen, startet mehrmals täglich die Rundtour durch den wichtigsten Hafen Dänemarks *(70 Kronen).*

Reiter am Strand von Fanø

Mennesket ved havet

Menschen begegnen dem Meer – so hat der Bildhauer Svend Wiig Hansen (1922–97) seine 9 m hohe Skulptur genannt, die nördlich des Hafens auf einem Deich steht: vier weiße Gestalten, die steif und starr auf das Meer blicken.

Musikhuset Esbjerg

Das Schmuckstück der Hafenstadt konnte erst nach größeren Protesten verwirklicht werden: Dabei ist der Entwurf lange nicht so revolutionär wie das Opernhaus von Sydney, die berühmte Austernschale, die ebenso wie das Musikhaus von dem Architekten Jörn Utzon (zusammen mit seinem Sohn Jan) entworfen wurde. Das Musikhaus ist Konzertbühne, Treffpunkt, Wandelhalle und Kunstmuseum. Das Museum verfügt über eine sehr gute Sammlung von Arbeiten der Künstlergruppe Cobra. Vom Restaurantdeck haben Sie einen schönen Blick auf den Hafen. *Havnegade 18, tgl. 10–16 Uhr*

Vandtårn

Einen besseren Überblick als vom Ausguck des Wasserturms kann man nicht haben. Eine Ausstellung präsentiert befreundete Wassertürme. *Juni–Mitte Sept. tgl. 10–15 Uhr, Eintritt 15 Kronen*

MUSEEN

Feuerschiff Horns Rev

Die »Horns Rev« (Kap Horn) ist das größte erhaltene Feuerschiff aus Holz, gebaut 1912. Lange Jahre tat es vor Esbjerg Dienst, jetzt liegt es vertäut im Fischereihafen. *Juni bis Sept. Mo–Fr 10–15 oder 16 Uhr, Eintritt 20 Kronen*

Fiskeri- og Søfartsmuseet

Gegenüber von Svend Wiig Hansens Skulptur liegt das Fischerei- und Seefahrtsmuseum mit einer nachgebauten Mole, Fischerboote inklusive. Auf 14 000 m^2 wird schnell klar, wie hart der Alltag der Fischer war – wie hart er immer noch ist, macht ein Besuch im Fischereihafen deutlich. *Tarphagevej 2, tgl. 10–17, Juli/Aug. bis 18 Uhr, Eintritt 75 Kronen, www.fimus.dk*

ESSEN & TRINKEN ÜBERNACHTEN

Britannia

Das schmucklose Äußere des Gebäudes wird im Innern von einer gepflegten Sachlichkeit konterkariert. Die gute Küche des Hauses ist bekannt für ihre oft berühmt gewordenen Eleven. *79 Zi., Torvegade 24, Tel. 75 13 01 11, Fax 75 45 20 85, www.britannia.dk,* €€

Favorittens Smørrebrød
Smørrebrøds von traditionell bis modern. Sehr gut ist das mit gebratenem Schollenfilet. *Kronprinsensgade 19, €*

Hotel Hjerting
Liegt etwas außerhalb der Stadt Richtung Blåvand, direkt am Wasser. Ein gutes Restaurant ist ebenfalls vorhanden. *48 Zi., Strandpromenaden 1, Tel. 75 11 70 00, Fax 75 11 76 77, www.hotelhjerting.dk, €€*

Munkestuen
Kleines, feines und gemütliches Restaurant mit französisch angehauchter Küche: Hier gibt es z. B. Muscheln in Weißweinsauce, gedämpften Schellfisch und gegrillte Gambas. Hübscher Garten. *Smedegade 21, Tel. 75 18 17 44, €€*

AUSKUNFT

Turistkontor
Skolegade 33, Tel. 75 12 55 99, Fax 75 13 61 09, www.visitesbjerg.com

ZIELE IN DER UMGEBUNG

Fanø **[128 A3–4]**
★ Fanø war einmal – neben Rømø – *die* Walfängerinsel Dänemarks. Heute kommen etwa 250 000 Besucher pro Jahr auf die einzige Nordseeinsel, die ausschließlich per Fähre zu erreichen ist. Fanø, das ist vor allem 17 km langer, 500 m breiter Strand. Im Norden und im Süden muss wegen gefährlicher Strömungen vom Baden abgeraten werden, der Rest ist eitel Badelust. *Sønderho* im Süden mit seiner sehenswerten Seefahrerkirche ist auf dem Weg in die reine Idylle – ein Postkartendorf. Der *Sønderho Kro, 13 Zi., Kropladsen 11, Tel. 75 16 40 09, www.sonderhokro.dk, €€*, befindet sich seit 300 Jahren in Familienbesitz. Die Deckenbalken stammen von einem gestrandeten Segler, der Wirt pflegt mit dem Ehrgeiz des Autodidakten seine Sammlung an Selbstgebrautem. Unbedingt probieren: *bakskud*, Plattfisch, erst geräuchert, dann getrocknet und vor dem Servieren in der Pfanne er-

Insider Tipp

MARCO POLO Highlights »Westjütland«

★ **Altstadt**
Ribe: Eine ganze Stadt als Denkmal (Seite 38)

★ **Blåvand, Vejers Strand, Henne Strand**
Stranderlebnis pur auf vielen Kilometern (Seite 31)

★ **Hvide Sande**
Jede Menge Fisch und jeden Tag Fischauktion (Seite 30)

★ **Nordsømuseet**
Die Attraktion im Fischerort Hirtshals: Museum, Aquarium, Ozeanarium und mehr (Seite 33)

★ **Fanø**
17 km Sandstrand und jede Menge Maritimes auf der einstigen Insel der Walfänger (Seite 29)

wärmt. *Café Nanas Stue in Sønderho, Sønderland 1, €,* bietet neben Kaffee und Kuchen kleinere Gerichte. Vermietung von Fahrrädern in Nordby: *Fanø Cykler, Hovedgaden 96, www.fanoeturistbureau.dk*

Herning **[124 C6]**
Einst »Hauptstadt in der Heide«, ist Herning (30 000 Ew.) heute Zentrum der Textilindustrie und Dänemarks Messehauptstadt. In einer ehemaligen Hemdenfabrik liegt das *Herning Kunstmuseum, Birk Centerpark 3, Juni–Aug. tgl. 10 oder 12–17, sonst Di–Fr 12–17 Uhr, Eintritt 50 Kronen.* Die Sammlung umfasst Werke dänischer und internationaler Künstler wie Robert Jacobsen, Richard Mortensen oder Victor Vasarely. Wahrzeichen von Herning ist seit 2001 die 32 m hohe Monumentalskulptur »Elia« des schwedischen Künstlers Ingvar Cronhammar. *90 km nordöstlich von Esbjerg, www.visitherning.com*

Holstebro **[124 B5]**
Die Stadt (39 000 Ew.) 100 km nördlich von Esbjerg ist keine Perle der Architektur, aber ohne Zweifel hat man hier etwas für die Kunst übrig. Holstebros *Kunstmuseum, Museumsvej 2, Di–So 11–16 oder 17 Uhr, Eintritt 50 Kronen,* zeigt Kunst aus aller Welt mit Schwerpunkt Afrika und Mittelamerika, und im *Musikteatret, Sønderlandsgade 2,* tanzt die einzige Abteilung der königlichen Ballettschule außerhalb Kopenhagens neben dem sterbenden Schwan auch den Elvis, also Rock and Roll.

Hvide Sande **[128 A1]**
★ Rund 170 Fischerboote könnten darauf hindeuten, dass Hvide Sande (6500 Ew., 60 km nördlich von Esbjerg) nicht viel mehr ist als eine große Fischfabrik – aber nichts da. Hier wird aus Fisch Kultur gemacht. Ein Erlebnis ist die tägliche Fischauktion in der Halle am südlichen Hafenkai *(Mo–Fr ab 7, bei viel Fisch erneut um 10 Uhr).* Insider Tipp Das Restaurant *Fiskhuset, Bredgade, Tel. 97 31 27 27, €€,* bietet gebratenen Aal und Steinbutt und auf Vorbestellung frische Austern an. Im *Akvarium & Fiskerimuseum Fiskeriets Hus* (Haus der Fischerei) *nördlich der Brücke, April–Okt. tgl. 10–18 Uhr, Eintritt 40 Kronen,* dreht sich alles um die Fischerei. Außergewöhnlich: Auf der Fjordseite von Hvide Sande kann man im *Tyskerhavn* auf einem – festliegenden – Hausboot Ferienhausurlaub machen *(www.nordsee.dk).*

Ringkøbing **[128 A1]**
Die kleine Stadt (17 000 Ew.) am Fjord, 70 km von Esbjerg entfernt, war einmal eine Hafenstadt – aber dann wanderte die Öffnung des Fjords nach Süden, und der Hafen wurde zum Binnenhafen. Hier finden Sie auch das einzige Chinarestaurant Dänemarks, das direkt am Wasser liegt und auch Hotdogs und Softeis verkauft. Das *Hotel Ringkøbing* am Markt verkörpert die alteingesessene dänische Küchentradition mit Scholle und Hering *(16 Zi., Torvet 18, Tel. 97 32 00 11, Fax 97 32 18 72, €€),* das Restaurant *Den Gamle Toldbod* am Hafen bietet frische, feine Edelküche mit Schwerpunkt auf Fisch *(Vester Strandsbjerg 1, Tel. 97 32 66 66, €€).*

7 km nördlich von Ringkøbing warten die über 50 Attraktionen von *Fiske- og Familiepark West:*

Weite Dünenlandschaften sind typisch für die Westküste Jütlands

Spaßbad, Gokarts, Speedboote, Reitpferde, Computerspiele usw. *Hee, Hovervej 56–58, Mitte Mai bis August tgl. 10–17 Uhr, Eintritt 60 Kronen, www.fiskeogfamiliepark.dk*

Strände **[128 A1–3]**

★ *Blåvand, Vejers Strand, Henne Strand:* Das sind die Namen, die drei der schönsten Festlandstrände an der Westküste bezeichnen. Kilometerlang nichts als Dünen und Strand, selten weniger als 200 m breit. Bei Henne Strand erreichen die Dünen eine Höhe von 23 m. Blåvands Huk ist der westlichste Punkt Dänemarks, der 42,6 m hohe Leuchtturm wird nur noch von dem Skagens überragt. Etwas ganz Besonderes verbirgt sich im Flugsand: Bei *Kærgaard* (zwischen Henne und Vejers) liegt ein versandeter Eichenwald. Die Büsche, die an dieser Stelle aus dem Sand ragen, sind nichts anderes als die Kronen der Bäume – immer noch voller Leben.

Varde **[128 B3]**

Varde (12 000 Ew.) liegt 20 km nördlich von Esbjerg. Die Ministadt von Varde, *Varde Miniby,* ist die weltweit einzige im Maßstab 1:10 korrekt angefertigte, naturgetreue Kopie der Stadt, wie sie um 1860 ausgesehen hat. Oder besuchen Sie den liebevoll angelegten Garten *Tambours Have, Bredmosevej 2, Nordenskov, Mai–Sept. tgl. 10–18 Uhr, Eintritt 30 Kronen.* Eine Alternative können Segeltouren auf der idyllischen *Varde Å* sein.

Auskunft: *Varde Turistbureau, Skansen 4, Tel. 75 22 32 22, Fax 15 22 33 27, www.visitvarde.dk*

MORS

[124 B–C 2–3] Der Limfjord ist mit einer Fäche von 1500 km² das größte Binnengewässer des Landes. Die Küstenlänge beträgt über 1000 km. Die Insel Mors im

Limfjord war in den 1970er-Jahren so etwas wie das Paradies der alternativen Landszene. Mors ist lieblich, ein Eiland, das schon immer zum Rückzug von der lauten Welt verlockte. *Nykøbing Mors,* die am Sallingsund gelegene Inselhauptstadt, besitzt einen kleinen Hafen.

SEHENSWERTES

Jesperhus Blomsterpark
Im Blumenpark wenige Kilometer südlich von Nykøbing Mors flattern tropische Vögel, außerdem leben hier Krokodile, Affen und Schlangen. *Legind Bjerge, Legindvej 30, Mitte Mai–Mitte Sept. tgl. 10–18, Sommer 10–20 Uhr, Eintritt 100 bis 145 Kronen, www.jesperhus.dk*

Dueholm
1371 legte der Johanniterorden das Kloster an, dessen ursprüngliches Kerngebäude noch steht und heute das historische Museum von Mors enthält. *Nykøbing Mors, Dueholmgade 9, Mo–Fr 10–16, Sa/So 12 bis 16 Uhr, Eintritt 10 Kronen*

Hanklit Insider Tipp
Im Norden der Insel, etwa 20 km von Nykøbing Mors, ragen die Klippen von Hanklit 61 m hoch auf, gut zu erwandern und bestens ausgeschildert. Im Gestein, das während der letzten Eiszeit von Gletschern zu teilweise bizarren Formen geschliffen wurde, finden sich Versteinerungen von Lebewesen aus dem Tertiär.

Højriis
Verwunschen geht es im romantischen Schloss von Højriis aus dem 15. Jh. zu, das nicht weit von Jesperhus Blomsterpark entfernt liegt. Hier wird in märchenhaften Szenen die Geschichte von Dornröschen erzählt. *Højriisvej 3, Juli–Mitte Aug. tgl., Mai/Juni und Mitte Aug.–Sept. So 10–17 Uhr, Eintritt 60 Kronen, www.hojriisslot.dk*

ESSEN & TRINKEN ÜBERNACHTEN

Sallingsund Færgekro
Ein großes Gasthaus, dessen Landküche einen sehr guten Ruf ge-

Bier = Øl

Aber Bier ist nicht gleich Bier

Bier – und kein Ende. Es gibt zwar nur noch die beiden großen Brauereien, Tuborg und Carlsberg, aber beinahe jedes Jahr versuchen sich die Konkurrenten mit einer neuen Gärung zu übertrumpfen. Am kräftigsten, also mit dem größten Anteil an Alkohol, ist das *Stærkøl* – bei bis zu 12 Prozent wird selbst der Stärkste sehr schnell schwach.
Bier ist aber nicht einfach nur Bier. Traditionell werden zu Fisch- oder Fleischgerichten stärkere oder leichtere Biere serviert, ganz wie beim Wein. Deshalb kennen Dänen beim Bier auch keinen Spaß – aber das gibt sich im Lauf des Abends.

Für Fossiliensammler ein Muss: die Insel Fur im Limfjord

nießt. *40 Zi., Nykøbing Mors, Sallingsundvej 104, Tel. 97 72 00 88, Fax 97 72 25 40, www.sallingsund-faergekro.dk,* €€

ZIELE IN DER UMGEBUNG

Insider Tipp

Fur [124–125 C–D2]
Die 22 km² große Insel ist das Dorado der Fossiliensammler. *Fur Museum, Nederby, Mitte Juni–Aug. tgl. 10–17, April–Mitte Juni und Sept./Okt. 12–16 Uhr, Eintritt 30 Kronen,* zeigt versteinerte Tiere und Pflanzen, die sämtlich auf Fur gefunden wurden. Gefundene Versteinerungen müssen zur Begutachtung vorgelegt werden.

Hanstholm [124 B1]
Aus einem Fischerdorf wurde planmäßig der größte Fischereihafen Dänemarks (82 000 Ew.). *Hanstholm Vildtreservat* nördlich der Stadt ist mit 65 km² die größte geschützte Naturfläche Dänemarks. Das Zentrum des Schutzgebiets, in dem viele seltene Vögel brüten, ist für das Publikum das ganze Jahr über gesperrt. Das übrige Gelände darf von April bis Mitte Juli nicht betreten werden. Das *Museumscenter Hanstholm* zeigt rund um die ab 1940 von den deutschen Besatzern in den Dünen aufgebaute Batterie Hanstholm die Auswirkungen des so genannten Atlantikwalls auf Natur und Menschen. *Molevej 29, tgl. Feb.–Mai und Sept.–Okt. 10–16, Juni–Aug. 10–17 Uhr, Eintritt 50 Kronen, www.museumscenterhanstholm.dk. 40 km von Nykøbing Mors*

Hirtshals [122 B1]
Der zweitgrößte Fischereihafen Dänemarks (7200 Ew.) im äußersten Norden böte nicht viel – wäre da nicht das ★ *Nordsømuseet – Akvarium & Oceanarium.* Eine großartige Anlage, Salzwasseraquarium, Seehundbecken, Ozeanarium und

Kühe finden hier saftiges Gras

Gegenwartsmuseum. Im Aquarium tummelt sich beinahe vollständig die Fauna der Nordsee, im großen Becken unter freiem Himmel vergnügen sich Seehunde *(Fütterung tgl. 11 und 15 Uhr). Villemosevej, tgl. Juli–Aug. 10–20, sonst 10–17 Uhr, Eintritt 110 Kronen, www.nordsoemuseet.dk. 120 km von Nykøbing Mors*

Klitmøller **[124 B2]**

Der ehemalige Fischerort (350 Ew.) gilt als einer der besten Surfplätze an der gesamten Nordseeküste. In regelmäßigen Abständen finden nationale und internationale Meisterschaften statt. *40 km von Nykøbing Mors*

Lemvig **[124 A4]**

Am schönsten ist es, wenn die Sonne am frühen Abend die wie eine Träne geformte Hafenbucht der Stadt am Limfjord (7600 Ew.) 50 km südwestlich von Nykøbing Mors bescheint. Ganz aus Holz und edel liegt das *Restaurant Mathilde, Tel. 97 82 09 18, www.mathilde-restaurant.dk,* **€€**, am Ende des kleinen Piers. Vom Hafen aus gesehen linker Hand steht etwas versteckt an der wunderschönen Promenade das *Museum für Religiöse Kunst,* Insider Tipp *Strandvejen 13, Mitte Mai bis Mitte Sept. Di–So 13–17 Uhr, Eintritt 35 Kronen.* Ein architektonisch interessanter Bau, in dem religiös inspirierte Kunst aus Dänemark und Grönland gezeigt wird.

Løgstør **[124 C2]**

Løgstør (600 Ew., 50 km von Nykøbing Mors) ist ein Idyll. Am Ende eines Kanals steht das *Limfjordsmuseet,* das im ehemaligen Wohn- und Amtshaus des Kanalvogts eingerichtet wurde. Hier erfahren Sie alles über Flora und Fauna und Heringsfang. *Kanalvejen 40, Mai–Mitte Juni und Sept./Okt. Sa 14–17, So 10 bis 17, Mitte Juni–Aug. tgl. 10–17 Uhr, Eintritt 20 Kronen, www.limfjordsmuseet.dk*

Løkken **[122 A2]**

Kein Hafen, aber immer noch Fischer, die ihre Boote wie eh und je auf den Strand ziehen, der zu den schönsten an der Jammerbucht gehört: Der Sand ist weiß, fein und leuchtend wie Diamanten in der Sonne. Løkken (1300 Ew.) ist das Badeparadies dieser Küste, ein familienfreundlicher Ort.

6 km östlich von Løkken liegt *Børglum* mit dem gleichnamigen *Kloster, Mai–Sept. tgl. 10–18 Uhr, Eintritt 45 Kronen.* Um das Jahr 1000 ein Königssitz der Wikinger, bauten Prämonstratenser hier im 12. Jh. ein Kloster mit romanischer Domkirche, die bis zur Reformation Bischofssitz war. Zwischen Lønstrup und Løkken erstreckt sich auf einer Länge von etwa 5 km eine beeindruckende Küstenlandschaft. Bei *Rubjerg Knude* erreichen die Dünen eine Höhe von 90 m – senkrecht fällt die Küste zum Wasser hin ab. Das Gelände steht unter Naturschutz. Welche Kräfte hier wirken, lässt sich am Leuchtturm von Rubjerg ablesen, der bis 1968 betrieben wurde und heute weit gehend im Flugsand verschwunden ist. *90 km von Nykøbing Mors*

Nørre Vorupør **[124 A2]**

Der Fischerort (800 Ew.) ist nicht so überlaufen wie Løkken. Seine Fischer bieten Gästen aber das gleiche Spektakel wie ihre Kollegen in Løkken: Wie seit Jahrhunderten ziehen sie ihre Kutter an den Strand, da an der Sandküste keine Naturhäfen zu finden waren. Der Fisch wird direkt vom Boot verkauft oder geht ins nahe Hanstholm zur Auktion. Einige Fischer nehmen Angler mit auf Hochseetour. Das kleine *Nordseeaquarium, Mai bis Sept. tgl. 10–16, Juli/Aug. bis 18 Uhr, Eintritt 25 Kronen,* zeigt das Leben im Meer. Im Juli Strandfest. *35 km nordwestlich*

Slettestrand **[125 D1]**

Ein sehr schöner Strand und eine ungewöhnlich dicht bewachsene

An den Stränden der Westküste sind Radfahrer kein ungewohntes Bild

Dünenlandschaft sind die Naturattraktionen des Badeorts (250 Ew). Das kulturelle Highlight wartet in *Svinkløv*, also gleich nebenan: Das *Svinkløv Badehotel, 36 Zi., Svinkløvvej 593, Mai–Sept., Tel. 98 21 70 02, Fax 98 21 70 38, €€,* wurde 1925 gebaut, es ist das letzte große Badehotel ganz aus Holz in Dänemark. Durch die Zimmer und das Restaurant mit seinen Panoramafenstern weht Sommerfrische pur. Die Küche versteht sich vorzüglich auf Fisch, ausgezeichnet sind auch die Desserts und die Kuchen. *70 km von Nykøbing Mors*

Insider Tipp

Spøttrup **[124 B4]**

Wie eine Drohung ragen die Mauern der mittelalterlichen Burg von Spøttrup in den Himmel, von der feindlichen Umwelt durch einen Wassergraben geschützt. Spøttrup, 25 km von Nykøbing Mors entfernt, ist eine der wenigen beinahe original erhaltenen Burgen aus dem Mittelalter. Der See, der einmal zur Burg gehörte, wurde erst vor wenigen Jahren wieder neu angelegt. Wahre Kleinode sind der Kräutergarten und der Park hinter dem Schloss, in dem man im milden Licht der Abendsonne Burgfräuleins wandeln zu sehen glaubt. Im *Restaurant Borgen* werden unkomplizierte kleine Gerichte und leckere Kuchen serviert. *Tgl. Mai–Aug. 10–18, Sept. 11–17, Okt. 11–16 Uhr, Eintritt 40 Kronen*

Thisted **[124 B2]**

Die Stadt (13 000 Ew.), Oberzentrum der Region Thy, lohnt nicht nur eines Einkaufsbummels wegen den Besuch. Das *Thisted Museum, Jernbanegade 4, Juni–Aug. tgl. 11 bis 17 Uhr, Eintritt 20 Kronen,* zeigt Wissenswertes über die Stadtgeschichte, aber auch zur bäuerlichen Kultur der Region. Eigene Räume würdigen den großen dänischen Schulreformer Christen Kold (1816–70) und den von hier stammenden berühmten Dichter Jens Peter Jacobsen (1847–85). Sein Grab liegt im Schatten der um 1500 erbauten Kirche. Auskunft: *Thisted Turistforening, Store Torv 6, Tel. 97 92 19 00, Fax 97 92 56 04, www.thisted-turist.dk. 30 km nördlich von Nykøbing Mors*

Thyborøn **[124 A3]**

Schon die Anfahrt nach Thyborøn (1000 Ew.), 35 km westlich von Nykøbing Mors an der Einfahrt zum Limfjord, zwingt die Hektik aus den Knochen: kilometerlang nichts als eine schmale Landzunge und Wasser, links wie rechts. Die neueste Attraktion ist *Kystcentret, Juni–Sept. tgl. 10–18 Uhr, Eintritt 75 Kronen, www.kystcentret.com,* ein rechteckiger, grüner Glasbau am Hafen. Das Museum ist ein Erlebnis- und Vermittlungscenter, das die Veränderungen an der dänischen Nordseeküste verständlich macht. Gezeigt wird, wie Wind und See die dänische Küstenlandschaft formen und verändern. Auf insgesamt 2000 m² Ausstellungsfläche sind dazu rund 40 elektronische und mechanische Installationen zum Ausprobieren aufgestellt. Hier können Sie im Kleinen erleben, wie Wellen, Strömungen, Gezeiten, Wind, Sturmflut, Deichbruch sich vollziehen. Höhepunkt ist ein großes Wasserbecken mit Tidenhub, in dem ferngesteuerte Boote fahren. Das Küstencenter veranstaltet auch *Gratisstrandtouren* mit Rangerbegleitung.

Bunt geht es im und am *Sneglehuset,* dem Schneckenhaus, *Klitvej 9, April–Sept. tgl. 10–16Uhr, Eintritt 12 Kronen,* zu: überall Schneckenhäuser; und dazu die größte Buddelschiffsammlung ganz Dänemarks. Tipp: Die leckersten Fischfrikadellen weit und breit gibt es im *Fischkiosk* im rostroten Holzschuppen am Hafen.

Vestervig **[124 A3]**
Die Kirche von Vestervig (800 Ew.) gilt als größte Dorfkirche nördlich von Hamburg. Das Gotteshaus hat seine imposante Größe, weil es einst Kathedrale und Vestervig Bischofssitz war. Als der Bischof Anfang des 12. Jhs. nach Børglum zog, hinterließ er das überdimensioniert scheinende Bauwerk der kleinen Gemeinde. Besondere Bedeutung hat die Kirche heute nach altem Volksglauben für Brautpaare, die hier heiraten: Liden Kirsten, die Schwester von König Valdemar dem Großen (1154–82), verliebte sich der Legende nach in Valdemars Schwager, Prinz Buris. Als der König hörte, dass Liden Kirsten ein Kind erwartete, geriet er außer sich vor Zorn und fand einen quälerischen Tod für seine Schwester: Er tanzte solange mit Kirsten, bis sie starb. Liden Kirsten ruht zusammen mit Buris unter einem lang gestreckten Grabstein in Vestervig. Buris lebte zwölf Jahre länger als seine Geliebte – mit ausgestochenen Augen und angekettet an den Kirchturm von Vestervig. Jede Braut, die in der Vestervigkirche getraut wird, legt nach der feierlichen Zeremonie ein Blumenbukett aufs Grab der im Tod Vereinten. *30 km westlich von Nykøbing Mors*

RIBE

[128 B4] Ribe (18 000 Ew.) war eines der ersten Zentren des Christentums in Dänemark. Der *Dom,* der auf das Jahr 1117 zurückgeht, spiegelt viel von der Kampfhaltung der damaligen Gläubigen wieder,

Ribe war einst ein bedeutender Handelsplatz der Wikinger

die harte und entbehrungsreiche Pionierarbeit leisten mussten.

SEHENSWERTES

Altstadt

★ Ribe ist die älteste und eine der am besten erhaltenen Städte Skandinaviens. Seit dem letzten großen Stadtbrand von 1580 hat sich die Bausubstanz im Wesentlichen erhalten. Seit 1960 darf an den 100 denkmalgeschützten Häusern der Altstadt ohne behördliche Genehmigung nichts mehr verändert werden. Von dem 50 m hohen *Kirchturm, Mo–Sa April und Okt. 11–16, Mai–Sept. 10–17, Nov. vis März 11–15 Uhr, Eintritt 12 Kronen,* haben Sie einen weiten Blick zum Wattenmeer.

Rådhus

Bis 1966 tagte in Dänemarks ältestem Rathaus (1496) die Ratsversammlung. Der schön verzierte *Ratssaal* kann ebenso besichtigt werden wie ein kleines *Museum,* das eine martialische Sammlung beherbergt: Morgensterne, Stahlkugeln mit Eisenspitzen und das Schwert des Henkers. *Von Støckens Plads, Mai und Sept. Mo–Fr, Juni–Aug. tgl. 13–15 Uhr, Eintritt 15 Kronen*

Wattenmeerzentrum

Insider Tipp

Auf dem Weg von Ribe zur Insel Mandø liegt diese zwar nur 600 m² große, aber hochinteressante Anlage, in der das Wattenmeer und seine Besonderheiten auf engstem Raum spielerisch und lehrreich vorgestellt werden. *Okholmvej 5, Vester Vedsted, tgl. Feb./März und Okt./Nov. 10–16, April–Sept. 10 bis 17 Uhr, Eintritt 50 Kronen*

Wikingercenter

3 km südlich von Ribe wurde eine der bedeutendsten Wikingerburgen Jütlands rekonstruiert. Es wird wie zu Thors Zeiten Handel getrieben, man kann den Wikingern bei ihrer Arbeit zusehen und erfährt, wie sie wohnten. Im Mai findet alljährlich ein großer Wikingermarkt statt. *Lustrupvej 4, Mai, Juni und Sept. Mo–Fr 10–15.30, Juli/Aug. tgl. 11 bis 17 Uhr, Eintritt 65 Kronen*

MUSEEN

Ribe Kunstmuseum

Kunst aus der ersten Hälfte des 19. Jhs.: Jens Juel, Michael und Anna Ancher, L. A. Ring und Christen Köbke, alles bedeutende Künstler ihrer Zeit. *Sct. Nicolaigade 10, Mitte Feb.–Juni und Sept.–Dez. Di–So 11–16, Juli/Aug. tgl. 11–17 Uhr, Eintritt 35 Kronen*

Ribes Wikinger

An der Stelle, an der die Stadt Ribe 705 gegründet wurde, liegt heute das Heimatmuseum mit Schwerpunkt Wikinger. Auf 2500 m² finden sich allerlei Gegenstände aus dem Alltag der wilden Krieger. *Odins Plads, April–Juni tgl. 10–16, Juli/Aug. tgl. 10–18, Sept./Okt. tgl. 10–16, Nov.–März Di–So 10–16 Uhr, Eintritt 55 Kronen*

ESSEN & TRINKEN

Kammerslusen

Die Küche des Kammerslusen versteht sich auf Fisch. Scholle, eingelegte Heringe *(sild)* oder auch Muscheln: alles gut und schön. Pommes für die Kinder. *Bjerrumvej 30, westlich von Ribe an der Kammerschleuse, Tel. 75 42 07 96,* €€

Sælhunden
Etwas abseits der Fußgängerzone, aber sehr hübsch direkt am Hafen gelegen. *Smørrebrød,* Scholle und *bøf,* schöner Garten. *Skibbroen 13, Tel. 75 42 09 46,* €

Weis Stue
Einfache Gerichte wie gebratene Scholle oder Schnitzel mit Pommes frites werden vor dem Fachwerkhaus serviert, dessen Inneres mit einer ungemein gemütlichen Atmosphäre überzeugt. Im Sommer sollten Sie unbedingt versuchen, einen Platz im Garten zu bekommen – und dort den hausgemachten Kuchen probieren. *Torvet 2, Tel. 75 42 07 00,* €€

ÜBERNACHTEN

Hotel Dagmar
Modernität und Plüsch gehen in Dänemarks ältestem Hotel Hand in Hand. Etwas viktorianische Gemütlichkeit, etwas skandinavische Kantigkeit – fertig ist der Dagmarstil. Einmalig ist die Aussicht auf den Markt. *50 Zi., Torvet 1, Tel. 75 42 00 33, Fax 75 42 36 52, www.hoteldagmar.dk,* €€€

Den Gamle Arrest
Einfacher Komfort in einem ehemaligen Gefängnis. Einige Zimmer wurden in Zellen untergebracht – man muss das Besondere mögen. *13 Zi., Torvet 11, Tel. 75 42 37 00, Fax 75 42 37 22, www.dengamlearrest.dk,* €

AUSKUNFT

Ribe Turistbureau
Torvet 3, Tel. 75 42 15 00, Fax 75 42 40 78, www.ribetourist.dk. Jeden Tag im Sommer finden geführte Stadtwanderungen statt. Ebenfalls nur im Sommer macht ein Nachtwächter jeweils um 20 und um 22 Uhr seine Runde. Der *Ribe Pas (20 Kronen)* ermöglicht verbilligten Eintritt in Museen und Preisnachlass in einigen Restaurants und Geschäften.

FKK

Über den dänischen Umgang mit der Freikörperkultur

Das Nacktbaden ist in den vergangenen Jahren ein wenig aus der Mode gekommen, auch wenn es immer noch viele Anhänger hat. Generell gilt: Dänen baden vielleicht nackt, aber danach verhüllen sie in aller Regel ihre Nacktheit wieder. Es darf eigentlich überall nackt gebadet werden. Aber wie die Dänen nun einmal sind, eine Ideologie wollen sie auch aus dem Freikörperkult nicht machen. Es gilt auch hier: Zurschaustellen rangiert unter schlechtem Geschmack, Zurückhaltung unter Höflichkeit. Und die ist immer gern gesehen. Es gibt sieben FKK-Plätze, die von dänischen Vereinen unterhalten werden, Infos unter *www.dansknaturistunion.dk.*

ZIELE IN DER UMGEBUNG

Hjemsted Oldtidspark **[128 B5]**
Dänemarks größte Ausgrabungsstelle der Eisenzeit, 15 km südlich von Ribe, ist gleichzeitig Museum und Aktivitätszentrum. Das Museum wurde unterirdisch angelegt, es geht vorbei an Urnengräbern, die an Ort und Stelle belassen wurden. Im Sommer wohnen auf dem 130 000 m² großen Gelände Freiwillige in Eisenzeitunterkünften. *März–Juni und Sept.–Dez. Di–Sa 11–16, Juli/Aug. tgl. 11–18 Uhr, Eintritt 85 Kronen, www.hjemsted.dk*

Løgumkloster **[128 C5]**
Es waren Zisterziensermönche, die 1173 20 km südlich von Ribe ein Kloster bauten. Heute sind von der ursprünglich vierflügeligen Anlage nur noch der Südflügel und die Klosterkirche erhalten. Nordeuropas größtes Glockenspiel ist mehrmals täglich zu hören. Wer dem Lärm entkommen will, kann sich in das *Løgumkloster Refugium, 45 Zi., Tel. 74 74 33 01, www.loegumkloster-refugium.dk €*, retten und an täglichen Aktivitäten wie dem gemeinsamen Singen teilnehmen.

Insider Tipp **Mandø** **[128 B4]**
Mandø wäre eigentlich nicht mehr als eine 8 km² große Insel, auf der 75 Menschen leben – wenn es nicht mitten im Wattenmeer läge. Allein die Anreise ist schon ein Abenteuer. Der Damm, der die Insel mit dem Festland verbindet, wird zweimal täglich von der Flut überspült – wer mit dem eigenen Auto die Überfahrt versucht, muss also aufpassen. Sicherer ist es zu Fuß, mit dem Fahrrad oder mit dem *Mandøbus*, einem Trecker mit angehängtem Personenwagen, der ab Vester Vedsted immer dann fährt, wenn es die Tide zulässt *(Mai bis Sept., Tel. 75 44 51 07, www.mandoebussen.dk)*. Man kann auf einem Campingplatz zelten oder im *Mandø Kro, 7 Zi., Mandø Byvej 26, Tel. 75 44 60 83, €*, übernachten. Im Kro unbedingt Lamm probieren: Die Tiere wachsen auf den Salzwiesen der Insel auf.

Rømø **[128 A–B5]**
Seit 1948 ist die Insel über einen 9,2 km langen Damm mit dem Festland verbunden. Der bis zu 500 m breite Sandstrand darf mit dem Auto befahren werden. Wie Fanø, aber im Gegensatz zu Sylt wächst Rømø – den Strömungsverhältnissen sei Dank. Rømø *(www.romo.dk)* war vor 150 Jahren ein Zentrum der Walfängerei – beeindruckend zeigt dies der *Kommandørgaard*, ein ehemaliges Kapitänshaus, *Juvrevej 60, Toftum, tgl. Mai–Sept. 10–18, Okt. 10–15 Uhr, Eintritt 15 Kronen.*

Immer wieder sind in den letzten Jahren Wale auf Rømø gestrandet. Im *Naturcenter Tønnisgård, Havnebyvej 30, Mo–Fr 10–16 Uhr, Eintritt 15 Kronen*, sind die konservierten Überreste ausgestellt. Außerdem werden hier Touren ins Wattenmeer, Krabbenfangtouren oder Ausflüge mit Pferdewagen organisiert und Kurse zum Drachenbau angeboten. Komfortabel wohnen können Sie im *Hotel Kommandørgaarden, 83 Zi., Havnebyvej 201, Mølby, Tel. 74 75 51 22, Fax 74 75 59 22, www.kommandoergaarden.dk, €€*, mit Pool und Barlandschaft. Und wer vom Strand und seinen lieben Kleinen die Nase

Rømøs breiter Strand im abendlichen Licht

voll hat, der kann sie im *Rømø Lege- og Hesteland, Borrebjergvej, Mitte Mai–Mitte Aug. tgl. 10.30 bis 16.30 Uhr, Eintritt 50 Kronen,* diversen Freizeitangeboten und ausgebildeten Fachkräften überlassen.

Tønder [128 B6]

Tønder oder Tondern (8200 Ew., 50 km südlich von Ribe), wie die Stadt auf Deutsch heißt, lag noch vor 350 Jahren am Meer. Dann versandete der Hafen. Wie reich die Marschmetropole einmal war, zeigen die gepflegten historischen Backsteinhäuser mit ihren prächtigen Giebeln. Eines der schönsten Gebäude steht mit der ehemaligen Apotheke am Markt, heute ein Souvenir- und Weihnachtsladen, in dessen Keller sich ein kleines, aber feines *Apothekenmuseum, März–Jan. tgl. 9.30–17.30 Uhr,* befindet. Das *Tønder Museum, Kongevej 51, Juni–Aug. tgl. 10–17, Sept.–Mai Di bis So 10–17 Uhr, Eintritt 40 Kronen,* verfügt über eine umfangreiche und interessante Sammlung mit Alltagsgegenständen aus der Blütezeit der Stadt, als 12 000 Klöpplerinnen Spitzen für ganz Europa herstellten.

5 km von Tønder entfernt erstreckt sich in *Møgeltønder* Dänemarks angeblich schönste Dorfstraße. Am Ende des Dorfs liegt *Schackenborg Slot.* 1978 ging das Schloss in den Besitz von Kronprinz Joachim über, der hier bis zur offiziellen Scheidung mit seiner Frau Alexandra lebte. 13 Mio. Kronen spendeten die königstreuen Dänen 1995, damit ihr armer Prinz sein Schloss renovieren konnte. Der Park kann besichtigt werden, das Schloss nicht. Der *Schackenborg Slotskro, 25 Zi., Slotsgaden 42, Tel. 74 73 83 83, Fax 74 73 83 11, www.slotskro.dk,* **€€€**, zählt zur gehobenen Klasse: sehr schön gelegen, beinahe luxuriös eingerichtete Zimmer und ein sehr gutes Restaurant mit einer historisch sehr dichten Atmosphäre.

Balsam für die Seele

Rau und ursprünglich zeigt sich der Westen Jütlands, milde und offen gibt sich der Osten

Der Westen Dänemarks war immer arm – der Osten ist seit jeher reich. Die großen Städte Aalborg, Århus, Kolding, die Häfen, von denen das Land Handel treibt und die Weltmeere befährt, das alles liegt im Osten, gut geschützt vor den Launen einer unberechenbaren Natur. Der Osten, das heißt Macht, Kultur, Lebensart und große Politik. Der Osten ist lieblich, beinahe zart. Es hat etwas ungemein Beruhigendes, fast endlos durch Städte und Dörfer zu fahren, die in den letzten 300 Jahren weder Krieg noch Zerstörung erlebt haben. Infos im Internet unter *www.visiteastjutland.com* und *www.visitnorth.dk*

AALBORG

[122 B4] Ein Schnaps hat Aalborg (160 000 Ew.) weltberühmt gemacht: der *Akvavit.* Mild und bekömmlich gibt sich auch die Stadt: Eine so übersichtlich-gemütliche Vergnügungsmeile wie die Jomfru Ane Gade hat keine andere Stadt Dänemarks.

Gaudí in Dänemark? – Nein, nur eine Spiegelung des Aalborger Doms in einer nahen Glasfassade

SEHENSWERTES

Jens Bangs Stenhus
Das Gebäude von 1624 ist mit fünf Etagen das größte Bürgerhaus der Renaissance in Skandinavien. Das Besondere: Es ist ganz aus Stein gebaut und nicht, wie zu dieser Zeit üblich, aus Fachwerk. *Østerågade 9*

De Danske Spritfabrikker A/S
Führungen durch das Werk zeigen, wie *Akvavit* hergestellt wird. *C. A. Olesens Gade 1, Ende Mai–Aug. Mo–Sa 10 und 14 Uhr*

Zoo Insider Tipp
Der Tierpark gehört mit 140 Tierarten zu den großen Zoos des Nordens. *Mølleparkvej 63, tgl. Jan./Feb. und Nov./Dez. 10–14, März 10–15, April und Sept./Okt. 10 bis 16, Mai–Aug. 9–18 Uhr, Eintritt 60–80 Kronen, www.aalborgzoo.dk*

MUSEEN

Marinemuseum
Die Geschichte des Hafens wird dokumentiert, außerdem ist eine Reihe von Marinebooten zu sehen. *Vestre Fjordvej 81, tgl. Mai–Aug. 10–18, Jan.–April und Sept.–Dez. 10–16 Uhr, Eintritt 65 Kronen*

Nordjyllands Kunstmuseum
Hochklassige Sammlung mit Arbeiten von Künstlern der klassischen Moderne wie Pablo Picasso, Fernand Léger, Asger Jorn oder Victor Vasarely. *Kong Christians Allé 50, Di–So 10–17 Uhr, Eintritt 40 Kronen, www.nordjyllandskunstmuseum.dk*

Insider Tipp **Hellingåndskloster**
Dänemarks älteste soziale Einrichtung. Das einstige Kloster war in seiner Geschichte u. a. Hospital und Lateinschule. Heute liegen im innerstädtischen Refugium 25 Seniorenwohnungen. Klosterhof offen, Innenbesichtigungen nur im Sommer und bei Führungen. *C. W. Obels Plads, Führungen Ende Juni–Mitte Aug. Mo–Fr 13.30 Uhr, Eintritt frei*

ESSEN & TRINKEN

Duus Vinkjælder
Traditionell die urigste Möglichkeit, in Aalborg auszugehen: Im Weinkeller herrscht eine mittelalterliche Atmosphäre. *Østergade 9, Tel. 98 12 50 56,* €

Rosdahls
Einst Kaischuppen am Limfjord, jetzt Aalborgs Gourmetmekka. Im Restaurant warten kulinarische Gaumenfreuden, meist mit französischer Note. *Strandvejen 6, Tel. 98 12 95 80,* €€

Stygge Krumpen
Ein Hauch von Frankreich: Theke und Wanddekor stammen aus einem Restaurant in Marseille. Gourmetrestaurant, für dänische Verhältnisse aber nicht teuer. *Vesterå 1, Tel. 98 16 87 87,* €

EINKAUFEN

Glaspusteriet
Lene Højlund kann beim Herstellen von Glas über die Schulter gesehen werden. *Nørregade 6*

ÜBERNACHTEN

First Hotel Aalborg
Blick auf den Limfjord, das Wasser nur 50 m entfernt – einfach, aber komfortabel. *154 Zi., Rendsburggade 5, Tel. 98 10 14 00, Fax 98 11 65 70, www.firsthotels.dk,* €€

Limfjord Hotel Aalborg
Viersternehaus am Limfjordmit traumhaftem Blick. *188 Zi., Ved Stranden 14–16, Tel. 98 16 43 33, Fax 98 16 17 47, www.radisson.com/aalborg.dk,* €€€

Vandrerhjem & Hytteø
Etwas außerhalb; neben einfachen Zimmern gibt es in der Jugendherberge kleine Hütten, die auf einer künstlichen Insel stehen. *Skydebanevej 50, Tel. 98 11 60 44, Fax 98 12 47 11, www.BBBB.dk, Mitte Jan.–Mitte Dez., Hütten Mitte März bis Okt., Sept.–Mitte Mai Reservierung erforderlich,* €

AM ABEND

Die Straße der Straßen: die ★ *Jomfru Ane Gade.* Hier liegen Nachtclubs neben Pizzerien, Straßencafés neben Nobelrestaurants. Im *Café 1000 Fryd, Kattesundet 10, www.1000fryd.dk,* trifft sich die alternative Musikszene, im *Skråen, Strandvejen 19, www.skraaen.dk,* treten internationale Stars und nationale Sternchen auf. Klassik von internationaler Güte bringt Aalborgs Symfoniorkester zu Gehör – einen Besuch wert! *Aalborg Symfoniorkester, Kjellerupsgade 14, Tel. 98 13 19 55, www.aalborgsymfoniorkester.dk*

AUSKUNFT

Aalborg Turist og Kongres Bureau

Østerågade 8, Tel 99 30 60 90, Fax 98 16 69 22, www.visitaalborg.com. Hier werden auch Stadtführungen in deutscher Sprache angeboten.

ZIELE IN DER UMGEBUNG

Insider Tipp **Adlerreservat Tuen** [122 B2]

Fisch- und Königsadler in freiem Flug im Landzipfel zwischen den Meeren. Zweimal am Tag finden Flugvorführungen statt. *Skagensvej 107, Bindslev, Vorführungen im Sommer tgl. 10 und 17 Uhr, Eintritt 90 Kronen, www.eagleworld.dk. 70 km nördlich von Aalborg*

Frederikshavn [122 C3]

Die größte Stadt Nordjütlands (25 000 Ew.) liegt rund 55 km nördlich von Aalborg und ist ein wichtiger Fährhafen. Von hier geht es mehrmals am Tag nach Göteborg in Schweden sowie nach Oslo und Larvik in Norwegen. Kleinere Fähren verkehren zur Kattegatinsel Læsø *(www.laesoe-line.dk).* Wissenswertes zur lokalen Seefahrts-, aber auch zur Stadtgeschichte erzählt das *Bangsbo Museum* in einem alten Herrenhof von 1750, *Dronning Margrethesvej, Juni–Aug. tgl. 10 bis 17, Sept.–Mai Di–So 10–17 Uhr, Eintritt 35 Kronen.* Exotisch: Im Sommer verwandelt sich der nördlich vom Hafen gelegene Norderstrand in ein 400 m langes Südseebadeparadies mit 60 Palmen *(www.palmestranden.dk).*

Fyrkat [122 A6]

Wenige Kilometer außerhalb der Stadt Hobro, 45 km südlich von Aalborg, wurde in den 1950er-Jahren die Wikingerburg *Fyrkat* ausgegraben. Angelegt hat sie um 980 Harald Blauzahn. Inzwischen wurden die Wallanlagen rekonstruiert, ein Haus der Burg und neun andere Gebäude nachgebaut. Jeden Sommer finden Wikingerspiele

MARCO POLO Highlights »Ostjütland«

★ **Jomfru Ane Gade**
Die ohne Frage berühmteste Kneipenstraße Dänemarks liegt in Aalborg: viel Spaß beim Bummeln! (Seite 44)

★ **Kunstmuseum Trapholt**
Eines der schönsten Museen Dänemarks (Seite 57)

★ **Den Gamle By**
Historisches Häuserensemble in Århus (Seite 48)

★ **Samsø**
Die Ostseeinsel mit ihren Hügeln, weiten Feldern und vielen Hafenstädtchen ist ein Stück Dänemark en miniature (Seite 53)

statt. *Fyrkatvej 37 b–45, Ostern bis Herbst tgl. 10–16 Uhr, Eintritt 55 Kronen, www.fyrkat.com*

Læsø **[123 D–E3]**
Die kleinste Kommune Dänemarks und die größte Insel im Kattegat ist von Frederikshavn mit der Fähre in 90 Minuten zu erreichen. Læsø war über Jahrhunderte die Salzinsel Dänemarks. Eine *Salzsiederei* arbeitet noch heute *(Hornfiskrønvej 3, tgl. Juni–Mitte Sept. 10–16.30, Ende März–Mai und Mitte Sept.–Mitte Okt. 10–14 Uhr, Eintritt frei).* Eine Besonderheit sind die mangels Alternativen mit getrocknetem Seetang gedeckten Dächer einiger Fischerkaten. Gemütliche Zimmer vermietet die Pension *Strandgaarden, 20 Zi., Strandvejen 8, Vesterø, Tel. 98 49 90 35, Fax 98 49 97 99, €;* das Hotel *Nygaard* bietet neben komfortablen Zimmern ein sehr gutes Restaurant *(18 Zi., Østerbyvej 4, Tel. 98 49 16 66, Fax 98 49 16 68, €€).*

Insider Tipp **Randers Regnskov** **[122 B6]**
Die Attraktion von Randers 80 km südlich von Aalborg ist Randers Regnskov, der Regenwald von Randers, der einzige tropische Regenwald Dänemarks. Hier tummeln sich Krokodile und giftige Schlangen, fliegen tropische Vogelarten, vergnügen sich die frechsten Affen. *Tørvebryggen 11, Mo–Fr 10–16, Sa/So 10–17 Uhr, Eintritt 95 Kronen, www.regnskoven.dk*

Sæby **[122 C2]**
Der einstige Fischerort (9000 Ew.) mit seiner restaurierten Altstadt ist ein beliebter Ferienort an der Ostküste. Die ersten Touristen kamen, nachdem Künstler wie Henrik Ibsen oder Herman Bang den ruhigen Ort um 1900 entdeckten. Der Renaissance-Adelssitz Schloss *Sæbygård, Sæbygårdvej, Juni–Aug. Di–Fr 10–16, Sa/So 12–16 Uhr, Eintritt 30 Kronen,* war einst Wohnort namhafter Personen, darunter der dänische Nationalheld Niels Juel. Der Admiral (1629–97) erwarb sich Ruhm in den Kriegen gegen die Schweden. In einem Fachwerkhof aus dem 17. Jh. ist das vor allem lokalhistorisch interessante *Sæby Museum, Algade, Juni–Aug. Di–So 10–16, Sept.–Mai Di–Fr 10–16 Uhr, Eintritt 30 Kronen,* untergebracht. *55 km nordöstlich*

Skagen **[122 C1]**
Skagen – das klingt. Nach Meer, nach wilder Natur, nach Fisch und – nach Kunst. Künstler wie Michael Ancher und P. S. Krøyer aus Kopenhagen haben die Faszination des Fischerorts (13 000 Ew.) um 1900 entdeckt. Es war das ganz besondere Licht, das sie begeisterte. Skagen wurde erst Künstlerkolonie, dann Badeort. Aber Vorsicht: Die Strömungen bei *Grenen,* der äußersten Landspitze, sind mörderisch.

Brøndums Hotel, 46 Zi., Anchersvej 3, Tel. 98 44 15 55, Fax 98 45 15 20, www.broendums-hotel.dk, €€, ist das Traditionshaus, immer noch voller Stil und Haltung. Hier quartierte sich der Maler Michael Ancher ein, als er nach Skagen kam. Vier Jahre später heiratete er die Tochter des Hauses, Anna Brøndum. Auch sie wurde eine berühmte Malerin. Ihrer beider *Wohnhaus* ist eine Künstleridylle *(Markvej 2–4, April tgl. 10–15, Mai/Juni und Aug./Sept. tgl. 10–17, Juli tgl. 10–18, Feb./März und Nov. Sa 11–15 Uhr, Eintritt 50*

Dünenwandern in den Wanderdünen: Råbjerg Mile bei Skagen

Kronen). Die Welt der Skagenmaler wird in *Skagens Museum, Brøndumsvej 4, Mai–Sept. tgl. 10–17, Okt.–April Mi–So 10–15 Uhr, Eintritt 60 Kronen,* lebendig, das über viele Hauptwerke Krøyers und Anchers verfügt. Ein Erlebnis ist das *Skagen Odde Naturcenter, Batterivej 51, Mai–Mitte Okt. 10–16 oder 18 Uhr, Eintritt 65 Kronen.* Auf 1500 m^2 macht das Erlebnismuseum anschaulich, wie Wind, Wasser, Licht und Sand seit Jahrtausenden die Nordspitze Dänemarks verändern – fast alles darf spielerisch im Experiment erprobt werden.

Den letzten Rest der guten alten Zeit repräsentiert *Ruths Hotel* im Ortsteil Gammel Skagen, *26 Zi., Hans Ruthsvej 1, Tel. 98 44 11 24, Fax 98 45 08 75, www.ruths-hotel.dk, €€€,* das älteste aller Badehotels – ein Ort der Stille in der Hölle des Massentourismus. Immer wieder eine gute Adresse für Fischliebhaber ist *Bodilles Kro, Strandvej 11, Tel. 98 44 33 00, €€.* Sehr gut das Fischbüfett am Samstag. 10 km südlich von Skagen bewegt sich unaufhaltsam die größte Wanderdüne Dänemarks Richtung Westen, *Råbjerg Mile:* bis zu 15 m hoch – und bisher von keines Menschen Hand zu stoppen. *100 km nördlich von Aalborg*

Insider Tipp

Voergaard Slot [122 C3]

Eines der besterhaltenen Renaissancegebäude Jütlands ist Schloss Voergaard, rund 40 km von Aalborg entfernt. Der ausgeprägte Reichtum an Sandsteinornamenten und Figuren war Wunsch der Eignerin Ingeborg Skeel (1578–1604). Im Juli einwöchige Mittelaltertage. *Flauenskjold, Ende April–Mitte Juni und Mitte Aug.–Mitte Okt. Sa 13–16, So 11–16, Mitte Juni–Mitte Aug. tgl. 10–17 Uhr, Eintritt 60 Kronen*

Wikingerfriedhof Lindholm Høje [122 B3]

Keine 10 km nordwestlich von Aalborg liegt einer der größten be-

Grabsteine auf dem Wikingerfriedhof Lindholm Høje

kannten Wikingerfriedhöfe Skandinaviens. 200 der insgesamt 682 Gräber sind Schiffsetzungen, Gräber in Schiffsform. In der letzten Juniwoche erwachen die Wikinger bei den jährlichen Wikingerspielen zu neuem Leben. *Nørresundby, Vendilavej 11, tgl. April–Okt. 10 bis 17, Nov.–März 10–16 Uhr, Eintritt 30 Kronen, www.aahm.dk*

ÅRHUS

[125 E–F 5–6] Mit 275 000 Einwohnern ist Århus die zweitgrößte Stadt Dänemarks. Århus ist berühmt für sein Theater. Oper, Ballett und Symphonieorchester genießen internationalen Ruf, das Nachtleben ist legendär. Höhepunkt ist die jährliche Festwoche im Spätsommer, während der die Stadt auf einer Welle der Fröhlichkeit zu reiten scheint *(www.aarhusfestuge.dk)*.

SEHENSWERTES

Den Gamle By

★ 1914 wurde das Freilichtmuseum eröffnet, rund 80 historisch wertvolle Häuser aus 20 Städten und Dörfern verpflanzte man hierher, das älteste stammt aus dem 17. Jh. *Viborgvej, tgl. Jan. 11–15, Febr./März und Nov./Dez. 10–16, April/Mai und Sept./Okt. 10–17, Juni–Aug. 9–18 Uhr, Eintritt 75 Kronen, www.dengamleby.dk*

Marselisborg Slot

Schloss Marselisborg ist die Sommerresidenz der Königin. Schlosspark und Rosengarten sind frei zugänglich – wenn die Regentin nicht da ist. *Kongevejen 100*

MUSEEN

Aros Århus Kunstmuseum

Der im Frühjahr 2004 eröffnete avantgardistische Neubau, entworfen von den Architekten Schmidt, Hammer & Lassen, die auch den Anbau der königlichen Bibliothek in Kopenhagen schufen, setzt Akzente. Auf 5000 m² Ausstellungfläche zeigt das ursprünglich 1859 gegründete Museum Kunst von 1700 bis heute, Schwerpunkt: dänische Moderne. Zum Bestand gehören 1000 Gemälde, 300 Skulpturen und 11 000 Arbeiten auf Papier. *Aros Allé 2, www.aros.dk, Di–So 10–17, Mi bis 22 Uhr, Eintritt 60 Kronen*

Kvindemuseet
Einzigartig im Norden und typisch für die dänische Entwicklung im 20. Jh.: Das Frauenmuseum dokumentiert Leben und Wirken der Frauen in den letzten Jahrzehnten. Sonderausstellungen. *Domkirkeplads 5, Juni–Aug. tgl. 10–17, Sept. bis Mai Di–So 10–16 Uhr, Eintritt 30 Kronen, www.kvindmuseet.dk*

Museum Moesgård
Im Museum Moesgård liegt die etwa 2000 Jahre alte, gut erhaltene Moorleiche des Grauballemanns. Sein rund 1,80 m großer Körper kam 1952 in einem Moor bei Silkeborg ans Tageslicht. Ständige Ausstellung zur Vor- und Frühgeschichte Dänemarks sowie zur Wikingerperiode. *Moesgård Allé 20, Højbjerg, April–Sept. tgl. 10–17, Okt. bis März Di–So 10–16 Uhr, www.moesmus.dk, Eintritt 45 Kronen*

ESSEN & TRINKEN

Café Jorden
Das erste echte Café von Århus, eröffnet 1985. Drinnen (und im Sommer auch auf dem Bürgersteig) guter Kaffee und gutes Frühstück. *Badstuegade 3*

Restaurant Koch
Die Zwillinge Jesper und Michel Koch (!) kombinieren das beste aus dänischer und internationaler Küche wie sonst niemand. *Pakkerivej 2, Havnen, Tel. 86 18 64 00, www.restaurantkoch.dk,* €€€

Prins Ferdinand
Einmalige Lage gleich beim Eingang zum Freilichtmuseum Den Gamle By. Gekocht wird dänisch – zumeist mit frischen Rohwaren aus Ostjütland. *Viborgvej 2, Tel. 86 12 52 05,* €€€

Bryggeriet Sct. Clemens
Hausbrauerei mit frischem Bier direkt aus dem Kupferfass. *Kannike-*

Den Gamle By in Århus

gade 10, Tel. 86 13 80 00, www.bryggeriet.dk, €€

Café Smagløs
Beliebter Treffpunkt zum Frühstück, zum Brunch oder zum Cappuccino am Nachmittag. *Klostertorv 7, www.smagloes.dk*

EINKAUFEN

Emmerys Kolonial
Ein Kolonialwarenladen (fast) wie früher, mit dem Geruch von Gewürzen, Tee und frisch gemahlenem Kaffee. Leckeres ökologisches Brot. *Guldsmedgade 24–26*

Lynfabrikken
Nicht ganz leicht zu finden im Hinterhof: Auf 400 m^2 verbinden die Macher im alten Fabrikgebäude offene Werkstätten für Glas, Keramik oder Schmuck mit Laden und Cafébar. *Vestergade 49 b, www.lynfabrikken.dk*

Insider Tipp **Ulrik Witts Hus**
Galerie und Atelier des Autodidakten Ulrik Witt in einem Haus aus dem 18. Jh. im Latinerkvarter. Öl-, Acryl- u. a. Malereien. *Volden 23*

ÜBERNACHTEN

Århus City Sleep-In
Einfache Zimmer für alle, die nicht mehr brauchen als ein Dach über dem Kopf. *Havnegade 20, Tel. 86 19 20 55, Fax 86 10 18 11, www.citysleep-in.dk,* €

Guldsmeden
Kleineres, gemütliches Hotel mit familiärer Atmosphäre in der Altstadt. Die Zimmer sind mit Teakholzmöbeln im französischen Kolonialstil ausgestattet, das (ökologische) Frühstück wird auf handbemaltem Porzellan serviert. *27 Zi., Guldsmedgade 40, Tel. 86 13 45 50, Fax 86 13 76 76, www.hotelguldsmeden.dk,* €€

Hotel Philip
Schickes Hotel mit acht individuellen Zimmern im französisch-italienischen Stil; im Erdgeschoss Café und Restaurant. *Åboulevarden 28, Tel. 87 32 14 44, Fax 86 12 69 55, www.hotelphilip.dk,* €€€

FREIZEIT & SPORT

Tivoli Friheden
Traditioneller Vergnügungspark mit Rutschbahnen und Karussels. Sehr schön angelegter Blumenpark. Regelmäßig Freiluftkonzerte. *Skovbrynet, tgl. Mitte Juni–Mitte Aug. 12–23, Mai–Mitte Juni und 2. Augusthälfte 12–22 Uhr, Eintritt 35 Kronen, www.friheden.dk*

AM ABEND

Das Viertel um *Rosensgade, Volden, Pusterring* und *Badstuegade* ist das Zentrum aller abendlichen Vergnügungen. Man sitzt vor Brunnen oder lauscht der Livemusik, die an beinahe jeder Ecke gespielt wird.

Jazzbar Bent J
Die älteste Jazzbar Skandinaviens: Livemusik, Cocktails, Bier und schöne Frauen – schöne Männer eher seltener. *Nørre Alle 66, www.bentj.dk*

Musikhuset Århus
Der Musiktempel von Århus: alle Arten von Musik, von Folk bis Klas-

sik. Café und kleine Bühnen mit freiem Eintritt. *Thomas Jensens Allé 2, Tel. 89 40 40 40, www.musikhusetaarhus.dk*

AUSKUNFT

Tourist Århus
Rådhus, Park Allé, Tel. 89 40 67 00, Fax 86 12 95 90, www.visitaarhus.com. Hier kann der *Århus Pas (1 Tag 97 Kronen, 2 Tage 121 Kronen, 1 Woche 171 Kronen)* erworben werden, mit dem man bei allen Museen und sonstigen Sehenswürdigkeiten freien Eintritt hat und die öffentlichen Verkehrsmittel benutzen darf.

ZIELE IN DER UMGEBUNG

Anholt **[126 C1]**
Die 22 km^2 große Insel (170 Ew.) besteht zu 75 Prozent aus Sand: Anholt ist die größte natürliche Wüste Nordeuropas. Es gibt sehr schöne Sandstrände: *Vesterklit* im Westen, *Nordstrand* im Norden, *Pakhusbugt* im Süden. Die Fähre von Grenaa braucht knapp drei Stunden. Die Pension *Degnens Hus, Østervej 16, Tel. 86 31 90 44,* €, bietet einfache Zimmer, das *Anholt Museum, Ende Juni–Mitte Aug. Mo–Fr 10–12 und 16–18, Sa/So 16–18 Uhr, Eintritt 10 Kronen,* überrascht mit einer stimmungsvollen Ausstellung zur Inselgeschichte.

Clausholm **[125 E5]**
Eines der am besten bewahrten Herrenhäuser des Barock. *Schloss Juli tgl. 11–16, Park Mai–Sept. tgl. 11–16 Uhr, Eintritt Schloss und Park 70 Kronen, www.clausholm.dk. 30 km nördlich von Århus*

Djurs Sommerland **[126 A2]**
Großer Vergnügungspark. *Nimtofte, Randersvej 17, tgl. Mitte Mai bis Juni und Aug. 10–18, Juli 10–20 Uhr, Eintritt 140–160 Kronen, www.djurssommerland.dk. 40 km von Århus*

Ebeltoft **[126 A3]**
Die 700 Jahre alte Hafenstadt (4200 Ew.) 50 km östlich von Århus ist so bewahrt worden, dass jedem Romantiker das Herz übergeht. Berühmt (und gefürchtet) ist die Hauptstraße, der man ihr erschütterndes Pflaster gelassen hat. In Ebeltoft steht das kleinste Rat-

Umwelt

Dänemark ist sauber: und das nicht nur in einer Hinsicht

Es dürfte kaum ein anderes Land geben, dessen öffentliche Wege so gepflegt daherkommen. Die Blaue Flagge, die an Stränden mit garantiert für gut befundenem Wasser weht, flattert etwa 250-mal im Wind. Die dänischen Gewässer zählen zu den saubersten in Europa: Die Kontrollen sind scharf. Und: Es herrscht ein öffentliches Bewusstsein, das Umweltsünder rigoros moralisch abstraft. Den Rest erledigt der Staatsanwalt.

Vom Alter gebeugt: Häuser in der Altstadt von Ebeltoft

haus Dänemarks. Viel Atmosphäre und ausgezeichnete Fischgerichte bietet das Restaurant *Havmågen* im Fischereihafen, *Tel. 86 34 66 86, €€. Das* Luxushotel weit und breit ist *Molskroen:* ein Restaurant, beinahe so lang wie ein Fußballfeld, freie Sicht auf die Bucht von Ebeltoft, Eleganz und Noblesse, dazu eine erstklassige Küche – und natürlich perfekter Service. *18 Zi., Femmøller Strand, Hovedgaden 16, Tel. 86 36 22 00, Fax 86 36 23 00, www.molskroen.dk, €€€*

Grenaa **[126 B2]**
Südlich des Hafens liegt ein schöner Strand, aber die Attraktion ist das *Kattegatcentret.* Hier schwimmen Haie in einem Becken, das Besucher in einem Tunnel von unten bestaunen können. *Færgevej 4, Juni–Aug. tgl. 9.30–18, Jan. Di–Fr 10 bis 16, Sa/So 10–17, Feb.–Mai und Sept./Okt. Mo–Fr 10–16, Sa/So 10–17 Uhr, Eintritt 100 Kronen, www.kattegatcentret.com. 50 km von Århus*

8 km nördlich von Grenaa liegt das Kloster *Sostrup Slot.* Das Hauptgebäude stammt aus dem 16. Jh. Seit 1960 führen Zisterziensernonnen die Anlage. Sie vermieten Zimmer und Apartments, im Sommer finden Konzerte mit Barockmusik statt – ein Ort der Einkehr. *Bei Gjerrild, 28 Zi., Maria Hjerte Engen 2, Tel. 86 38 41 11, Fax 86 38 41 33, www.sostrup.dk, €€*

Insider Tipp

Horsens **[129 E2]**
Horsens (47 000 Ew.) hat die breiteste Fußgängerzone Dänemarks. Vitus Bering, Dänemarks größter Welterkunder, wurde 1681 in Horsens geboren. Bering entdeckte die Durchfahrt zwischen Alaska und Sibirien, die nach ihm benannte Beringstraße. An die große Zeit der Stadt erinnert das *Lichtenbergske*

Palae in der *Søndergade 17–19:* ein prächtiger Bürgerpalast von 1744. Heute ist das Haus ein sehr gutes Hotel mit gehobener Küche *(61 Zi., Tel. 75 62 16 00, Fax 75 62 85 85, www.jorgensens-hotel.dk, €€). 60 km südwestlich von Århus*

Samsø **[126 A4–5]**

★ Die 28 km lange und 7–8 km breite Insel (4400 Ew.) ist eine Welt für sich – im hügeligen Norden bei *Issehoved* rau, überwältigend und ein bisschen unzugänglich, im Süden beinahe lieblich. *Nordby* hat seinen Charakter als Reetdachidylle vollständig bewahrt. Im *Restaurant Ved Kæret* werden nahezu ausschließlich Grundprodukte von Samsø verarbeitet; gekocht wird knapp unterhalb der Gourmetgrenze *(7 Zi., Svedskegyden 2, Tel. 86 59 61 22, €€).* Auf der Westseite der Insel liegt beeindruckend schön, weil unmittelbar am Meer, der *Golfplatz* von Samsø. Es gibt kleine Badestrände. Berühmt ist die Insel für ein ganz und gar erdgebundenes Produkt: Auf Samsø gedeihen die ersten und, so sagt man, die besten Kartoffeln Dänemarks.

Silkeborg **[125 D5–6]**

Eine Papierfabrik machte um 1850 aus einem unbedeutenden Dorf eine aufstrebende Stadt (34 500 Ew., 35 km von Århus). Das mag daher kommen, dass in der Fabrik auch heute noch das dänische Papiergeld hergestellt wird – Geld macht lustig. Im Juni erbebt die Stadt beim Riverboat Jazzfestival *(www.riverboat.dk)* unter den Klängen von 60 Jazzbands. Alle vier Jahre im August feiert Silkeborg sich mit einer Regatta eine Woche lang selbst. Dann fahren Hunderte von Booten, erleuchtet von Lampions, auf die Seen hinaus, während in der Stadt 300 000 Menschen feiern. Vom Hafen aus kann man die vier Seen des Seenhochlands befahren *(Kanuvermietung am Hafen).* Insider Tipp Ebenfalls vom Hafen aus fahren Ausflugs-

Von Silkeborg fahren Ausflugsschiffe, u. a. der Raddampfer »Hjejlen«

schiffe. Wer etwas Besonderes will, bucht eine Tour mit dem kohlebefeuerten Raddampfer »Hjejlen«, dem ältesten noch in Betrieb befindlichen seiner Art *(Buchung unter Tel. 86 82 07 66, www.hjejlen.com).* Im *Aqua Ferskvands Akvarium, Vejlsøvej 55, Mo–Fr 10–16, Sa/So 10–17 Uhr, www.ferskvandscentret.dk, Eintritt 75 Kronen,* Nordeuropas größtem Süßwasseraquarium, sind Fische, Otter und Enten hinter Panoramafenstern in ihrem natürlichen Element zu sehen.

Ein toter Mann ist die Attraktion im *Silkeborg Museum (www.silkeborgmuseum.dk)* im ältesten Gebäude der Stadt, *Hovedgardsvej 7, Mai–Mitte Okt. tgl. 10–17, sonst Mi und Sa/So 12–16 Uhr, Eintritt 40 Kronen.* 1950 entdeckte man in einem Moor eine 2200 Jahre alte Moorleiche, den Tollundmann. Er scheint noch im Tod gelächelt zu haben – vielleicht, weil er wusste, dass er nicht allein war. Nicht weit von ihm fand man eine weitere Moorleiche – eine Frau.

Ein Hotel mit typisch dänischer Atmosphäre ist das *Dania* am Markt: ein bisschen angestoßen, gemütlich, großzügig, offen und herzlich; es kann draußen vor der Tür gespeist werden. *47 Zi., Torvet 5–7, Tel. 86 82 01 11, Fax 86 80 20 04, www.hoteldania.dk,* €€

Skandinavisk Dyrepark **[125 F5]**
Eine der im wahrsten Sinn des Wortes wildesten Attraktionen von Djursland und der wohl größte private Tierpark Nordeuropas. Schwerpunkt des Zoos ist die Fauna Skandinaviens: Auf insgesamt 450 000 m² leben rund 300 Tiere aus 20 Arten in einer möglichst naturnahen Umgebung, darunter Polarfüchse oder Rotwild wie Rehe, Rentiere und Elche. Zu sehen sind in den Reservaten auch Vögel. Eigene Erlebnisbereiche sind der Wolfspark mit einer Größe von 15 000 m² sowie der Bärenpark mit 25 000 m². Zwölf Braunbären leben hier, eine 250 m lange Brücke führt quer und hautnah durchs Reich der bis zu 2,5 m großen Tiere, ohne dass ein Zaun oder eine Glaswand den Eindruck stören. *Nødagervej 67 b, Nødager, tgl. Mitte Juni–Anfang Aug. 10–18, sonst 10–16 Uhr, www.skandinaviskdyrepark.dk, Eintritt 100 Kronen. Rund 45 km nördlich von Århus*

Viborg **[125 D4]**
Eine moderne Stadt, eine Stadt, die nicht so sehr Wert legt auf Historie, sondern sich ganz dem Hier und Heute verschrieben hat – das ist Viborg (30 500 Ew.). Westlich von Viborg liegen die *Kalkgruben von Daugbjerg und Mønsted,* in denen noch bis ins 20. Jh. Kalk abgebaut wurde. Heute sind die Gruben wahre Abenteuerplätze. In den *Mønsted Kalkgruber, Kalkværksvej 8, März bis Okt. tgl. 10–17 Uhr, Eintritt 50 Kronen,* beleuchtet eine Diashow die Geschichte der oft mehrere Meter hohen Stollen. *45 km von Århus*

Insider Tipp

SØNDERBORG

[129 E6] Auch wenn man es ihr nicht auf den ersten Blick ansieht: Sønderborg (29 000 Ew.) ist eine Hauptstadt. Zwar nur die Hauptstadt der Insel Als, aber das tut dem Stolz keinen Abbruch. Ein trotziges Selbstbewusstsein erwächst schon allein aus der Tatsache, dass die Hafenstadt eine Grenzstadt ist. Søn-

Junge Leute in einer modernen Stadt: Viborg ist immer am Puls der Zeit

derborg will entdeckt werden. Wie das Wikingerboot, das man aus dem Nydammoor ganz in der Nähe barg. Oder der kleine Hafen von Egernsund mit seinen Werften, auf denen in Handarbeit Holzkutter repariert werden. Oder der Leuchtturm von Fynshav, der so typisch dänisch dasteht und doch von den Preußen gebaut wurde.

SEHENSWERTES

Hafen
Lebendig wird es im Hafen von Sønderborg immer, wenn die königliche Yacht im Juni an ihrem Liegeplatz festmacht. Dann kann man aus der Nähe beobachten, mit welch herausfordernder Nonchalance die Herren Marinesoldaten ihrem Dienst nachgehen.

Sønderborg Slot
Das Schloss wurde schon als Lagerraum genutzt, es war Lazarett und Gefängnis. Heute werden hier vor allem die kriegerischen Ereignisse von 1864 dokumentiert, als die vereinigten Armeen der Preußen und Österreicher die Stadt beschossen, ehe sie die Schanzen bei Dybbøl stürmten. *Okt.–März Di–So 13–16, April 10–16 Uhr, Eintritt 30 Kronen, www.sonderborgslot.dk*

ESSEN & TRINKEN

Ballebro Færgekro
Traumhafte Lage zwischen Sønderborg und Aabenraa am Sund von Als. Gekocht wird mit regionalen Grundprodukten. *Blans, Færgevej 5, Tel. 74 46 13 03, www.ballebro.dk,* €€€

Café au Lait
Hübsch am Hafen gelegenes Kneipenrestaurant. Tagsüber gibt es kleine Gerichte und 20 verschiedene *smørrebrøds,* abends Musik und gute Laune bis spät in die Nacht. *Søndre Havnegade 22, Tel. 74 43 16 39,* €

ÜBERNACHTEN

Baltic

Das herrenhausartige Hotel 5 km östlich von Sønderborg liegt nur ein paar Meter vom Seglerhafen von Høruphav entfernt. *14 Zi., Havbo 29, Tel. 74 41 52 00, www.hotelbaltic.dk, €€€*

AUSKUNFT

Sønderborg Turistbureau

Rådhustorvet 7, Tel. 74 42 35 55, www.visitals.dk

ZIELE IN DER UMGEBUNG

Aabenraa **[129 D5]**

Die kleine Hafenstadt (15 000 Ew.) mit dem großen Industriehafen hat sich der Kunst verschrieben. An über 20 Orten im Stadtgebiet wurden Skulpturen aufgestellt. Aabenraa besitzt die wohl perfektest renovierte Einkaufsstraße Dänemarks. *40 km von Sønderborg*

Dybbøl **[129 D6]**

Ein nationales Monument. 1848 und 1864, wurden die Verteidigungsanlagen von den Deutschen gestürmt – die letzte Niederlage führte zum Verlust von Südjütland an Preußen. *Historiecenter Dybbøl Banke, Mitte April bis Sept. tgl. 10–17 Uhr, Eintritt 55 Kronen*

Fredericia **[129 D–E3]**

Die Stadt (28 000 Ew., 100 km nördlich von Sønderborg) wurde 1650 als eine Festung gegen die Schweden gebaut. Der jüdische Friedhof mit seinen 550 Gräbern ist der größte neben dem Kopenhagener. Die etwas andere Unterkunft ist das *Sømandshjem* am Rand der Altstadt, mitten im rauen Hafenviertel *(32 Zi., Gothersgade 40, Tel. 75 92 01 99, Fax 75 93 25 90, www.fsh.dk, €)*. Elegant, ja beinahe herrschaftlich geht es im *Kryb-I-Ly Kro* von *Taulov* zu, wenige Kilometer außerhalb der Stadt. Der reetgedeckte Kro ist kein simples Landhaus, sondern eine der größten Verkörperungen der so genannten Landhausidylle. *(77 Zi., Koldinglandevej 160, Tel. 75 56 25 55, Fax 75 56 45 14, www.krybily.dk, €€€)*.

Haderslev **[129 D4]**

Die Berühmtheiten der Hafenstadt (20 500 Ew., 60 km von Sønderborg) findet man südöstlich des gotischen Doms: Backsteinhäuser mit wunderschön restaurierten Rokokogiebeln. Die größte Tonarbeitensammlung Nordeuropas zeigen die *Ehlers Samlingen*, untergebracht in einem Bürgerhaus von 1577, *Juni–Aug. Di–Fr 10–17, Sa/So 13 bis 17, Sept.–Mai Di–So 13–17 Uhr, Slotsgade 20, Eintritt 25 Kronen, www.haderslev-museum.dk.*

Kolding **[129 D3]**

Es war am Abend des 29. März 1808. Durch eine Unachtsamkeit der Wachmannschaft, die es warm haben wollte, brach im Schloss von Kolding (59 000 Ew., 90 km von Sønderborg) ein Feuer aus. Erst 60 Jahre später begann der Wiederaufbau. 1930 war der Turm fertig, 1970 entschied man sich, das Schloss mit Macht in eine moderne Form zu bringen. 1993 wurden die Arbeiten beendet. Der *Ruinensaal* mit seiner ganz und gar eigenen Atmosphäre – die ruinösen Mauern ließ man stehen und setzte eine Kuppel über das Ganze – wird für Kunstausstellungen genutzt, der

Rittersaal mit seinem imposanten Kamin kann besichtigt werden *(Slotsstræde, tgl. 10–17 Uhr, Eintritt 60 Kronen, www.koldinghus.dk)*. Eines der schönsten Museen Dänemarks liegt östlich des Zentrums am Kolding Fjord: das ★ *Kunstmuseum Trapholt*. In der Anlage erinnert es an ein mittelalterliches Kloster, mit seinen klaren und hellen Räumen ist es ein beispielhaftes Stück moderner skandinavischer Architektur. Gezeigt werden aktuelle dänische Kunst und Werke der dänischen klassischen Moderne, außerdem dänisches Möbeldesign. Cafeteria und Garten mit Blick auf den Fjord *(Æblehaven 23, tgl. 10–17 Uhr, Eintritt 60 Kronen, www.trapholt.dk)*. Folgt man dem Fjordvej, erreicht man nach 3 km das Hotel *Koldingfjord, 114 Zi., Fjordvej 154, Tel. 75 51 00 00, Fax 75 51 00 51, www.koldingfjord.com, €€€*. Traumhafte Lage direkt am Fjord und am Wald, Komfortable Zimmer, ein sehr gutes Restaurant, Ruhe in luxuriöser Abgeschiedenheit.

Kollund **[129 D6]**

Was man doch aus einer Jugendherberge machen kann: Christian Bind verwandelte das heruntergekommene Gebäude mit seiner grandiosen Lage hoch über der Flensburger Förde in ein Luxushotel und eines der besten dänischen Restaurants. Gekocht wird im *Fakkelgaarden* (Insider Tipp) französisch-dänisch: mit dänischen Grundprodukten und französischer Kochtradition. *21 Zi., Fjordvejen 44, Tel. 74 67 83 00, Fax 74 67 83 63, www.fakkelgaarden.dk, €€€. 20 km von Sønderborg*

Rinkenæs **[129 D6]**

Der einzige Golfplatz Dänemarks in einem Naturschutzgebiet. *Benniksgaard Golf Center, Sejrsvej 109 bis 113, Gråsten, Tel. 74 65 22 68, www.benniksgaard.com*

So schön kann ein Museum sein: Kunstmuseum Trapholt in Kolding

Märchenhafte Landschaft

Fünen bietet eine Mischung aus Abenteuer, Märchen und Natur

Fünen ist mehr als irgendeine unter den 450 Inseln Dänemarks: Fünen ist ein Kontinent. Mehr als 1100 km ist die Küste der Insel lang. Im Norden rau, im Osten Bucht an Bucht mit Sandstränden, im Süden die Hafenstädte, im Westen einsam und beinahe verlassen – jedes Temperament wird befriedigt. Fünen ist nicht nur Natur-, sondern auch Kulturland. In der Eisenzeit gab es bei Gudme das erste dänische Königreich; im Mittelalter tagte der Danehof in Nyborg; Odense wurde um 1900 zu einer der reichsten Städte Dänemarks. Und dann ist da natürlich noch Hans Christian Andersen, der große Erzähler. Mit dem Märchen vom hässlichen Entlein hat er seiner Heimat – und sich selbst – ein Denkmal gesetzt.

Kleine Inseln mit verwunschenen Dörfern und Häfen, abgelegene Strände, ein mildes Klima – die so genannte dänische Südsee, das Inselmeer vor Südfünen zwischen Als und Langeland ist ein kleines Paradies. Viele der kleinen Inseln sind unbewohnt und nur mit dem eigenen Boot zu erreichen.

Wenn im Frühsommer der Raps blüht, färben sich weite Felder leuchtend gelb

Fachwerkhaus in Troense

Aktuelle Informationen im Internet unter *www.visitfyn.com, www.danske-smaaoer.dk*

ÆRØ

[129 F6] Die rund 30 km lange und höchstens 8 km breite Insel ist eine der schönsten der dänischen Südsee – und mit insgesamt vier Fährlinien die am besten erreichbare. Fähren verkehren von Faaborg und Mommark auf Als nach Søby, von Svendborg nach Ærøskøbing sowie zwischen Rudkøbing auf Langeland und Marstal *(www.aeroe-ferry.dk)*. Den besten Überblick haben Sie von der Aussichtsplattform des 22 m hohen Leuchtturms *Skjoldnæs Fyr* im Norden *(tgl. Sonnenauf- bis -untergang, Eintritt 5 Kronen)*.

Skandinavische Klarheit und Vielfalt der Farben prägen Ærøskøbing

SEHENSWERTES

Ærøskøbing

★ Kaum eine dänische Stadt strahlt so viel Gemütlichkeit, *hygge,* aus wie die kleine Inselhauptstadt Ærøskøbing (1000 Ew.) mit ihren zahlreichen Fachwerkhäusern. Die Altstadt steht unter Denkmalschutz. Nach einem Brand 1629, der den ganzen Ort zerstörte, hat es keine großen Veränderungen mehr gegeben. Das *Ærø Museum, Brogade 3–5, Mitte April–Mitte Okt. Mo–Fr 10–16, Sa/So 11–15, Mitte Okt.–Mitte April Mo–Fr 10–13 Uhr, Eintritt 20 Kronen,* widmet sich als Heimatmuseum dem »bürgerlichen« Leben sowie der lokalen Seefahrts- und Handelsgeschichte. Seefahrergeschichte weht auch durch die 1943 im ehemaligen Armenhaus von Ærøskøbing eröffnete *Flaschenschiffsammlung* von Seemann Peter Jacobsen, genannt Flaschen-Peter: 1700 Buddel- und 50 Modellschiffe, *Smedegade 22, Mitte Juni–Aug. tgl. 10–17, sonst Mo–Fr 13–15, Sa/So 10–12 Uhr, Eintritt 25 Kronen.* Traditionsreiche Unterkunft mit Restaurant ist das Hotel *Ærøhus, 27 Zi., 37 Ferienwohnungen, Vestergade 38, Tel. 62 52 10 03, Fax 62 52 21 23, www.aeroehus.dk,* **€€**.

Marstal

Ærøs größte Stadt Marstal (2400 Ew.) ist weniger romantisch. Dafür lebt die heimische Seefahrergeschichte hier nicht nur im *Søfartsmuseum, Prinsensgade 1, Juli tgl. 9–20, Juni und Aug. tgl. 9–17, Mai und Sept. tgl. 10–16, Okt. bis April Di–Fr 10–16, Sa 11–15 Uhr, www.marmus.dk, Eintritt 40 Kronen,* sondern auch in einigen Werften am Hafen fort.

FREIZEIT & SPORT

Wegen seiner überschaubaren Größe ist Ærø ein Traum für Radfahrer (Verleih u. a. bei *Pilebækkens Cykler in Ærøskøbing, Pilebækken 11, Tel. 62 52 11 10).* Eine idyllische

Route, bei der die Südsee immer im Blick bleibt, führt von *Søbygaard* nach *Bregninge*. Von Søby kommend bei Søbygaard links abbiegen, dann über Skovby und Skovbymark Richtung Bregninge. 1 km vor Bregninge links dem Schild »Stranden« folgen – und voilà: Einsamkeit, Badestrand und Südseefeeling.

AUSKUNFT

Turistbureau
Ærøskøbing, Vestergade 1, Tel. 62 52 13 00, Fax 62 52 14 36, www.aeroe-turistbureau.dk

FAABORG

[129 F5] Von See Kommende grüßt der dicke, gelbe, mittelalterliche Kirchturm, der die Stadt (7500 Ew.) wie ein Wehrturm überragt. Von Land her geht es langsam, still und leise hinein in die kleine Stadt am Rand der dänischen Südsee. Faaborg ist beides: Stadt und Dorf, Marktplatz und Kulturort.

SEHENSWERTES

Faaborg Arrest
Dänemarks einziges öffentlich zugängliches Arresthaus. Das Gefängnis war noch bis 1989 in Betrieb. *Torvet, Mitte Mai–Mitte Sept. tgl. 10.30–16.30, Mitte Sept.–Okt. Sa/So 11–15 Uhr, Eintritt 30 Kronen*

Østergade
Das Viertel der Gassen nördlich der Fußgängerzone und die Einkaufsstraße Østergade dürften so ziemlich das niedlichste sein, was es in Dänemark an Stadt zu sehen gibt – wenn eine Stadt niedlich sein kann.

MUSEEN

Faaborg Museum Insider Tipp
Der Joghurtproduzent Mads Rasmussen schenkte seiner Stadt die-

MARCO POLO Highlights »Fünen«

★ **Helnæs**
Eine Welt für sich mit wunderbarer Aussicht vom Leuchtturm (Seite 64)

★ **Egeskov**
Ein Renaissanceschloss, das verzaubern kann (Seite 63)

★ **Fjord- und Bælt Go under Water**
Wasserwelt mit 50 m langem Unterwassertunnel in Kerteminde (Seite 71)

★ **Valdemars Slot**
Ein märchenhaftes Erlebnis (Seite 75)

★ **Ristinge Hale**
Einer der schönsten Südseestrände mit Dünen aus feinstem Flugsand (Seite 68)

★ **Ærøskøbing**
In der Hauptstadt der Insel Ærø geht es sehr gemütlich zu (Seite 60)

Bunt gestrichene Fachwerkhäuser zieren diese Gasse in Faaborg

ses Museum – damit sie die Maler würdig ausstellen konnte, die seine Heimat im Stil des Freiluftimpressionismus verherrlicht hatten: die Maler Fünens, wie die Schule genannt wurde. 1915 wurde das Gebäude des Architekten Carl Petersen eingeweiht, ein Hauptwerk des späten nordischen Klassizismus. *Grønnegade 75, April–Okt. tgl. 10 bis 16, Nov.–März Di–So 11–15 Uhr, Eintritt 40 Kronen*

Den Gamle Gaard

Das Fachwerkhaus von 1725 zeigt in 30 Räumen die bedeutendsten Entwicklungen der Stadtgeschichte. Insider Tipp Ein herrlicher Rokokosaal inklusive Inventar und Tapeten ist erhalten geblieben. Im Garten steht ein rosenbewachsener Pavillon, von dem Sie einen schönen Blick auf den Hafen haben. *Holkegade 1–3, Mitte Mai–Mitte Sept. tgl. 10.30–16.30, Mitte Sept.–Okt. Sa/So 11–15 Uhr, Eintritt 30 Kronen*

ESSEN & TRINKEN ÜBERNACHTEN

Færgegaarden

Das Traditionshaus am Hafen mit Aussicht auf Bahnhof und Fähranleger. Im Restaurant geht es etwas steif zu, aber die Bierstube ist gemütlich. *15 Zi., Chr. IX's Vej 31, Tel. 62 61 11 15, Fax 62 61 11 95, www.hotelfg.dk,* €€

Den Gyldne Reje

Der rote Holzbau ist der Treffpunkt der Szene. Scholle oder Krabben, immer frisch, werden hier im milden Glanz der Abendsonne zu einem Glas Chablis oder einem Gläschen Schampus verdrückt. *Vestkaj 3, Tel. 62 61 42 32,* €€

Hotel Mosegaarden

Hier wohnen Gäste original fünisch in einem alten Vierkanthof, der nach dem Umbau Ruhe und Entspannung garantiert. *22 Zi., Nabygaden 31, Tel. 62 61 56 91, Fax*

62 61 56 96, www.hotelmosegaarden.dk, €

Insider Tipp

Steensgaard Herregaardspension

Feine, exklusive Herberge in schönster Herrenhausumgebung. Die Küche hat sich auf Wildgerichte spezialisiert. *20 Zi., von Faaborg Richtung Assens, an der N 331, Tel. 62 61 94 90, Fax 63 61 78 61, www.herregaardspension.dk, €€€*

EINKAUFEN

Antikhuset

In einem kleinen, aber feinen Geschäft verkauft Anne Winther Antiquitäten, von denen die meisten von Fünen oder den Inseln der Südsee stammen. Schöne Auswahl, gediegene Preise. *Strandgade 7*

Insider Tipp

Bøjestræde

Die hübsche Gasse mit den kleinen Häuschen ist die Kunstmeile der Stadt. In *Nummer 7* schafft der *Keramiker Ulf Nielsen* Steinzeug- und Porzellanvasen, gleich gegenüber liegt das *Smykke Atelier* mit Silberarbeiten.

AUSKUNFT

Faaborg Turistbureau

Banegaardspladsen 2 a, Tel. 62 61 07 07, Fax 62 61 33 37, www.visitfaaborg.dk

ZIELE IN DER UMGEBUNG

Assens [129 E4]

Assens (15 000 Ew.) war schon immer eine Stadt des Handels: klein, aber fein. Von der Kaufkraft zeugt die gotische *Vor Frue Kirke* mit ihrem strahlend weißen, dreischiffigen Innenraum. Von Reichtum erzählt auch *Ernsts Samling, Østergade 57, Führung Mai–Mitte Juni und Mitte Aug.–Sept. Sa 14, Mitte Juni–Mitte Aug. Mo–Sa 14 Uhr, Eintritt 50 Kronen.* Zu sehen ist das vollständig erhaltene Interieur des Wohnhauses des Silberwarenfabrikanten Frederik Ernst, der 1976 starb und sein Erbe einer Stiftung vermachte. Jeden Mittwoch legt der *Raddampfer Helene* in Assens an: Gelegenheit für eine 90-minütige Tour auf dem Kleinen Belt. *40 km von Faaborg*

Egeskov [129 F5]

★ Das Renaissanceschloss (Egeskov bedeutet Eichenwald) heißt nicht ganz zu Unrecht so: Das Was-

Auf Hängebrückenpfaden geht es durch die Bäume im Park von Egeskov

serschloss ruht auf mehr als 1000 Eichenpfählen. Der Schlossherr verweigert dem Volk zwar immer noch den Zugang zu seinem Barocklabyrinth – alles andere darf jedoch besichtigt werden: das Schloss, der Renaissancegarten, der mit 75 Arten größte Fuchsiengarten Europas, die Sammlung von alten Autos und Motorrädern. Ein Kletterpfad zwischen Bäumen wartet als Mutprobe, in der Cafeteria kann man sich bei Kaffee und Kuchen erholen. *Tgl. Mai und Sept. 10–17, Juni und Aug. 10–18, Juli 10–20 Uhr, Eintritt 90–145 Kronen, www.egeskov.com. 20 km nordöstlich*

Faldsled **[129 E5]**

Ein Franzose hat das Dorf 15 km nordwestlich von Faaborg berühmt gemacht: Jean-Louis Lieffroy. Seit über 30 Jahren leitet der Koch aus den Vogesen die Küche im *Falsled Kro,* 19 Zi., Assensvej 513, Tel. 62 68 11 11, Fax 62 68 11 62, www.falsledkro.dk, €€€, und hat sie zu einer der besten – und teuersten – des Landes gemacht. Feinste mediterrane Küche aus den besten regionalen Grundprodukten Fünens, das Ganze gepaart mit der Leidenschaft eines Kochs, der von sich behauptet, das Abenteuer zu lieben. Die Zimmer sind die reinste Idylle. Wer nicht 2000 Kronen für ein Zimmer übrig hat, der kann ähnlich idyllisch, aber etwa fünfmal billiger im *Faldsled Vandrerhjem, 10 Zi., Assensvej 521, Tel. 62 68 22 40, Fax 62 68 22 41, www.faldsled.dk, €,* einer Jugendherberge, unterkommen.

Insider Tipp

Helnæs **[129 E5]**

★ Die Halbinsel Helnæs reckt sich zwischen Faaborg und Assens in den Kleinen Belt. Eine Welt für sich, über einen schmalen Damm mit dem Festland verbunden. An der Spitze steht der *Leuchtturm von Lindehoved, tgl. 9–18 Uhr, Eintritt 5 Kronen,* – von hier haben Sie einen phantastischen Blick hinüber nach Als. Der Strand von *Helnæs Strand* auf der anderen Seite der Insel ist weit und breit. Im *Helnæs Kro, €,* legt der Wirt Wert auf äußerste Pünktlichkeit. Spezialität: gebratener Aal. An der Naturschule *Helnæs Mølle, Tel. 64 72 32 17, www.helnaesmoelle.dk,* können Kanus, Kajaks oder Jollen gemietet werden.

Middelfart **[129 D3]**

Insider Tipp

Wie eine Knollennase reckt sich das alte Zentrum der Stadt in den Fjord von Kolding. Das *Keramikmuseum Grimmerhus, Kongebrovej 42, Juni–Aug. tgl., sonst Di–So 11–17 Uhr, Eintritt 35 Kronen,* beeindruckt mit Neogotik und einem herrlichen Garten. Nur wenige Hundert Meter entfernt liegt, versteckt im Wald und doch am Wasser, das *Hotel Kongebrogaarden, 62 Zi., Tel. 63 41 63 41, Fax 63 41 63 42, www.kongebrogaarden.dk, €€€.* Volkstümlich im besten Sinn geht es im *Restaurant Fænøsund, Teglgaardsvej 100, Tel. 64 41 28 38, €,* zu. Die gelbe Villa mit Holzveranda liegt direkt am Wasser: apfelgratinierter Lachs mit Parmesan, Fischpasta, Fenchelsalat mit geräucherten Muscheln oder hausgemachte Fischfrikadellen, und das alles zu reellen Preisen.

Wer sich das alles vom Wasser aus ansehen möchte: Die »Mira III« macht vom Middelfarter Hafen aus Ausflüge und Angeltouren auf den Kleinen Belt *(Juli–August Di, Do*

Im Keramikmuseum Grimmerhus in Middelfart

und So, pro Person 170 Kronen, Tel. 64 41 11 09, www.miraiii.dk).

Strände

Schön und auch für Kinder gut geeignet sind die Strände bei *Kidholm,* von Faaborg auf der Straße 44 Richtung Svendborg, rechts ab bei Katterød, oder bei *Tastebjerg,* von Faaborg auf der Straße 8 nach Bøjden, in Horne hinter der Kirche links ab Richtung Bucht.

LANGELAND

[130 A–B 3–5] Langeland ist keine gewöhnliche Insel. Dafür sorgt schon die Form – Langeland ist das lange Land. 53 km von Norden nach Süden, 11 km von Ost nach West an der breitesten Stelle, im Durchschnitt sind es 5 km. Im Westen verwunschene Küstenabschnitte mit Sandstränden, im Süden beinahe eine Wildnis, im Norden rau und unzugänglich, im Landesinnern immer wieder kleine Wälder zwischen weiten Feldern – Langeland ist ein Land mit vielen Temperamenten.

SEHENSWERTES

Dovns Klint **[130 A5]** Insider Tipp

Die äußerste Südspitze Langelands ist das Dorado der Südseeornithologen. An manchen Tagen rasten hier 100 000 Buchfinken und 25 000 Ringeltauben, außerdem kreisen hier Turmfalken und Fischadler.

Lohals **[130 B3]**

Kleiner Hafenort (500 Ew.) im Norden Langelands. Kutterfahrten bietet *Ole Dehn Marine, Søndergade 22, Tel. 62 55 17 00.* Alles für den Freund von Jagdtrophäen hat *Tom Knudsens Safarimuseum, Hovvej 49 (Juni–Aug. tgl. 14–16 Uhr, Eintritt 20 Kronen, www.tomknudsenssafarimuseum.dk).* Tom Knud-

Diese Brücke verbindet die Inseln Langeland und Fünen

sen brachte es in Amerika mit Milchprodukten zu Reichtum, den er auf Großwildjagden in Afrika, Kanada, Indien und den USA in Trophäen umwandelte: die größte Sammlung ihrer Art außerhalb Kopenhagens

Longelse **[130 B4]**

Zwischen Nord- und Südlongelse südlich von Spodsbjerg liegt einer der ältesten und beeindruckendsten Wälder Dänemarks. Auf 90 000 m^2 wachsen seit knapp 300 Jahren Eichen, Buchen und Kiefern, ohne dass der Mensch eingegriffen hätte.

Rudkøbing **[130 A4]**

Die Inselhauptstadt ist mit knapp 5000 Einwohnern eigentlich nicht mehr als ein Provinzstädtchen. Hinter dem Marktplatz erstreckt sich eine idyllische Altstadt. Eine Apotheke wie vor 200 Jahren ist *Det Gamle Apotek:* Zu sehen ist die vollständig erhaltene Einrichtung sowie als Höhepunkt ein Dampflaboratorium. In dem privaten Apothekergarten hinterm Haus *(Mo und Mi 11 Uhr Führungen)* steht eine 300 Jahre alte Kastanie, es wachsen jede Menge Heilkräuter. *Brogade 15, Mitte Juni–Aug. Mo–Fr 11–16 Uhr, Eintritt 25 Kronen.*

Die ganze Geschichte der Insel im Fokus erleben Sie in *Langelands Museum:* von der Steinzeit fast bis heute. Silber, Fayencen und Glas, Werkzeuge von Steinzeitmenschen. *Jens Winthersvej 12, Mo–Do 10–16, Fr 10–13 Uhr, Eintritt 25 Kronen.* Die maritime Geschichte Langelands präsentiert die *Søfartsudstilling:* Holzkähne, Jollen, Kutter und allerlei Ausrüstungsgegenstände. Interessant: eine Sammlung mit Teilen gesunkener Schiffe *(Østergade 25, Ende März–Mitte Okt. Mo–Fr 10–16, Sa 10–13 Uhr, Eintritt frei).* Halb in der Stadt, halb am Hafen liegt *Det Gamle Hotel Rudkøbing.* Die Küche bietet hausgemachtes Eis, Dorsch in Weißweinsauce, Steinbutt in Calvados und eine dänische Spezialität – *æggekage,* eine Art Eierspeise. *Havnegade 2, Tel. 62 51 36 18, €.*

Eine moderne bungalowartige Anlage direkt am Hafen mit Aussicht auf die Brücke nach Tåsinge ist das *Danland Feriecenter Rudkøbing Skudehavn, 32 Zi., Rudkøbing, Havnegade 21, Tel. 62 51 46 00, Fax 62 51 49 40, www.danland.dk, €€*; 4 km östlich von Rudkøbing wohnt man beinahe wie im Herrenhaus, mit viel Platz und großem Garten. Kleine Galerie, gutes Restaurant. *Skrøbelevgaard, 10 Zi., Ny Skrøbelev, Skrøbelev Hedevej 4, Tel. 62 51 45 31, Fax 62 51 45 32, www.skrobelevgaard.dk, €€*

Skovsgaard **[130 B4]**
Skovsgaard ist ein großer, ökologisch wirtschaftender Musterbetrieb, der Danmarks Naturfond – und damit dessen 15 000 Mitgliedern – gehört: Museum und Bauernhof in einem. Vom Hauptgebäude aus lassen sich schöne Wanderungen unternehmen. Interessant und sehr schön ist der *Skovstien,* ein Waldweg, der durch einen Ahornwald und an einem Wikingergrab vorbei zum Meer führt. *Mitte Mai–Okt. Mo–Fr 10–17, So 13–17 Uhr, www.danmarksnaturfond.dk, Eintritt 40 Kronen*

Spodsbjerg **[130 B4]**
Der kleine Hafen, in dem auch die Fähre nach Nakskov auf Falster anlegt, wird im Sommer oft derart von Segel- und Motoryachten frequentiert, dass die Fischer nicht auslaufen können. Sonst bietet Spodsbjerg nicht viel, es sei denn für Petrijünger: 300 m vom Hafen entfernt liegt das *Angelcentrum Langeland* und hat alles, was Sportfischer brauchen. Hier können auch Kutterfahrten gebucht und Boote ausgeliehen werden. *Spodsbjergvej 299–301, Tel./Fax 62 50 14 13, www.angelzentrum.dk*

Tranekær **[130 B4]**
21 Künstler durften im Park hinter Schloss Tranekær ihre Skulpturen platzieren – eine der schönsten ständigen Freiluftausstellungen. Das Schloss selbst kann nicht besichtigt werden, dafür steht der Park Besuchern offen. Immerhin: im *Tranekær Slotsmuseum* kann man sich einen Eindruck von der ursprünglichen Möblierung des Schlosses machen *(Slotsgade 95, Juni–Mitte Sept. Mo–Fr 10–17, Sa/So 13–17 Uhr, Eintritt 25 Kronen, mit Schlosspark 35 Kronen).* Einmalig in Dänemark: Das Museum *Souvenariet* im alten Theatergebäude am Fuß des Schlosses zeigt 2000 Mitbringsel aus aller Welt *(Slotsgade 84 b, Juni–Sept. So–Fr 10.15–17, Sa 12–17 Uhr, Eintritt 25 Kronen, www.souvenariet.dk).*

Sehr hübsch am Schlosssee liegt *Tranekær Slotspavillon,* der an ein japanisches Teehaus erinnert. Hier gibt es alle möglichen Sorten Eis *(Mai–Mitte Sept.).* Sehr schön und herrschaftlich wohnt es sich in der *Nedergaard Herregaardspension, 4 Zi., Nedergaardsvej 10, Fæbæk, Tel./Fax 62 59 13 16, www.nedergaard-gods.dk, €,* in der Nähe des Schlosses.

FREIZEIT & SPORT

Strände
Einer der besten Strände der Südsee liegt auf der Halbinsel Ristinge

Südseestrand mit feinem Sand: Ristinge Hale

bei ★ *Ristinge Hale,* 15 km südlich von Rudkøbing. Die Dünen sind aus feinstem Flugsand modelliert. Ebenfalls sehr gut: *Ristinge Strand* und *Nord Strand* an der äußersten Nordspitze Langelands, 30 km von Rudkøbing.

Tauchen

Dykkercenter Langeland bietet Tauchkurse für Anfänger an und organisiert Touren. *Rudkøbing, Klæsøvej 4, Tel. 62 51 14 44, www.dykkercenterlangeland.dk*

AUSKUNFT

Turist- og Erhvervsforeningen

Torvet 5, Rudkøbing, Tel. 62 51 35 05, Fax 62 51 43 35, www.langeland.dk

ODENSE

[129 F4] Odense (185 000 Ew.) ist eine märchenhafte Großstadt – nicht zuletzt dank Hans Christian Andersen, der hier geboren wurde, aufwuchs und später mit seinen Fabeln und Märchen weltberühmt wurde. Das wertvolle Erbe wird mit Respekt und Sinn fürs Geschäft verwaltet. Das Stadtzentrum gibt sich immer noch so verwinkelt, historisch herausgeputzt und überschaubar wie vor 200 oder 300 Jahren, als Odense ein bedeutendes Handelszentrum war.

SEHENSWERTES

Mit dem *Odense Eventyr Pas (1 Tag 120 Kronen, 2 Tage 160 Kronen)* brauchen Sie bei 16 Museen und anderen Attraktionen keinen Eintritt mehr bezahlen. Außerdem gibt es 25 Prozent Ermäßigung z. B. bei Bootsfahrten auf der Odense Å und bei Angelkarten.

Brandts Klædefabrik

Aus einer ehemaligen Kleiderfabrik wurde ein Kulturzentrum mit Kinos, Galerien, Läden und Museen. Das *Dänische Medienmuseum* widmet sich den Medien, das *Museum für Fotokunst* zeigt aktuelle Ausstellungen. *Tidens Samling* führt vor, wie sich die Dänen kleiden und gekleidet haben, die *Kunsthalle* zeigt Arbeiten international bedeutender Künstler. *Di–So (Juli/Aug. tgl.) 10 bis 17 Uhr, Eintritt 50 Kronen, www.brandts.dk*

Insider Tipp

Den Fynske Landsby
Freilichtmuseum mit historischen Bauernhäusern, das zeigt, wie es Mitte des 19. Jhs. auf Fünen ausgesehen hat. *Sejerskovvej 20, April bis Mitte Juni und Mitte Aug.–Okt. tgl. 10–17, Mitte Juni–Mitte Aug. tgl. 9.30–19, Nov.–März So 11–15 Uhr, Eintritt 55 Kronen, www.odmus.dk*

Domkirche Sct. Knuds
Schmuckstück des gotischen Doms ist der 5 m hohe Altar. Eines der größten Heiligtümer Odenses ist der Heilgenschrein mit den Überresten des dänischen Königs Knud, der 1086 von Bauern erschlagen wurde. *April–Mitte Okt. Mo–Sa 9 bis 17, So 12–15, Mitte Okt.– März Mo–Sa 10–16, So 12–15 Uhr*

Odense Zoo
Neben Tigern, Tapiren und Skorpionen ist auf einer Fläche von 36 000 m² eine Minikopie des Okavangoreservats von Botswana zu sehen. *Sønder Boulevard 306, tgl. Mai–Aug. 9–18 oder 19, Sept.–April 9–16 oder 17 Uhr, Eintritt 95 Kronen, www.odensezoo.dk*

MUSEEN

Fyns Kunstmuseum
Ein klassisches Museum für die dänische Kunst des 19./20. Jhs. Weite Säle lassen den Arbeiten von Künstlern wie Peter Severin Krøyer, Jens Juel oder Robert Jacobsen den Raum, den sie brauchen. *Jernbanegade 13, Di–So 10–16 Uhr, Eintritt 30 Kronen, www.odmus.dk*

H. C. Andersens Hus
Das kleine, gelbe Eckhaus ist ein Muss bei jedem Odensebesuch: Zuletzt 2004 um einen modernen Anbau erweitert, zeigt das Museum neben Büchern, Briefen, Zeichnungen und anderen Dingen aus Andersens Besitz seine Märchenwelten auch in multimedialer Form. *Bangs Boder 29, Mitte Juni–Aug. tgl. 9–19, sonst Di–So 10–16 Uhr, Eintritt 50 Kronen*

H. C. Andersens Barndomshjem
Im kleinen Fachwerkhaus lebte der junge Andersen von 1807 bis 1819. Heute Ausstellung. *Munkemøllestræde 3–5, Mitte Juni–Aug. tgl. 10–16, sonst Di–So 11–15 Uhr, Eintritt 10 Kronen*

Danmarks Jernbanemuseum
Eine ehemalige Remise beherbergt das größte Eisenbahnmuseum Skandinaviens. Ein Bahnhof, wie er um die Wende zum 20 Jh. ausgesehen hat, wurde naturgetreu nachgebaut. Eine Minibahn, auf der Kinder mitfahren dürfen, fährt durch das Gelände. *Dannebrogsgade 24, tgl. 10–16 Uhr, Eintritt 48 Kronen, www.jernbanemuseum.dk*

ESSEN & TRINKEN

Klitgaard
Restaurantchef Jacob Klitgaard hat eine einfache Philosophie: Das Beste ist gerade gut genug. Darum prägen frische Zutaten der Saison die Menüzusammensetzung. Die Kräuter für Lamm oder Kaninchen kommen aus dem eigenen Garten. *Gra-*

vene 4, Tel. 66 13 14 55, www.restaurantklitgaard.dk, €€

Smagens Hus
Slowfoodrestaurant, in dem man mittags dänische *frokost* bekommt. Abendessen auf Anfrage. *Nørregade 32, Tel. 66 12 22 72, www.smagenshus.dk,* €€

EINKAUFEN

Rosenbæk Gårdmarked
Markthalle – im Sommer auch Hofverkauf – mit regionalen Rohwaren von fünischen Bauern, Spezialitäten von Bornholm und den kleinen Inseln. *Vestergade 95, www.rosenbaekgaardmarked.dk*

ÜBERNACHTEN

Hotel Grand
Nicht weit vom Bahnhof gelegenes Viersternehaus mit der leicht verblichenen Grandezza großbürgerlicher Prächtigkeit. *138 Zi., Jernbanegade 18, Tel. 66 11 71 71, Fax 66 14 11 71, www.firsthotels.com,* €€€

Hotel Knudsens Gaard
Edles Ambiente in großem Fachwerkbau. Hier steigen Golfer ab, weil die Greens des Golfplatzes von Odense zu Fuß zu erreichen sind. *63 Zi., Hunderupgade 2, Tel. 63 11 43 11, Fax 63 11 43 01, www.knudsensgaard.dk,* €€

Det Lille Hotel
Kleines Hotel im Zentrum mit einfachen, aber gemütlichen Zimmern. *12 Zi., Dronningensgade 5, Tel. 66 12 28 21, Fax 66 12 28 21, www.lillehotel.dk,* €

FREIZEIT & SPORT

Bootsfahrt auf der Odense Å
Mit dem Boot den Fluss befahren, der Odense durchquert – eine

Angemessen märchenhafte Beleuchtung im abendlichen Odense

wunderbar entspannende Reise an Hinterhöfen und Parks entlang. *Mai–Mitte Aug. stdl. 10–17, Mitte Aug.–Mitte Sept. 11, 12, 14 und 17 Uhr, Abfahrt Filosofgangen 26, Tel. 65 95 79 96, www.aafart.dk*

Golf

Odense Eventyr Golf Center, drei 9-Loch-Schleifen, eine Par-3-Bahn und eine 9-Loch-Pay-&-Play-Bahn. *Westlich des Zentrums, Falen 227, Tel. 65 65 20 20, www.golfin.dk*

Insider Tipp **Meet the danes**

Wie wärs denn zur Abwechslung mal mit einer dänischen Familie? Das Turistbureau von Odense und andere Touristenbüros im Land vermitteln für einen Tag den Aufenthalt bei echten Dänen. Das ist die Gelegenheit, alle Vorurteile bestätigt zu bekommen, die Sie schon immer ablegen wollten. Infos im Internet: *www.meetthedanes.dk*

Svanen

Die »Svanen«, ein kleiner Ausflugsdampfer, fährt von Odense hinaus auf den Fjord – eine fünfstündige Tour, bei der es u. a. an der Lindøwerft vorbeigeht, der größten Werft Dänemarks. Der Dampfer legt um 11 Uhr an *Boels Bro* ab. *Mitte Juni–Anf. Sept. Mi–So, im Juli Mi, Do und Fr auch Abendtouren um 17 Uhr, Rundfahrt 120 Kronen, Tel. 65 97 70 61, www.svanen-munkebo.dk*

AM ABEND

Man trifft sich in der *Altstadt* rund um Hans Christian Andersens Haus. Beim *Fisketorvet,* dem Fischmarkt, liegen die Kneipen dicht an dicht.

AUSKUNFT

Odense Turist Bureau

Rådhuset, Tel. 66 12 75 20, Fax 66 12 75 86, www.visitodense.com

ZIELE IN DER UMGEBUNG

Bogense [129 E3]

Ein Fischerhafen und eine kleine Stadt (3000 Ew., 20 km nordwestlich von Odense): überschaubar, verwinkelt, gemütlich. Geräucherten Lachs und ausgezeichnete Fischfrikadellen verkauft der *Fischhändler* am *Vestre Havnevej.* Von Bogense sind es nur ein paar Kilometer bis *Æbelø,* einer kleinen Insel östlich des Orts.

Bøsøre Strand Feriepark [130 B3] Insider Tipp

Fünf Sterne für einen Campingplatz: Bøsøre verfügt nicht nur über einen bemerkenswerten Strand, sondern auch über einen 150 Jahren alten Kuhstall, in dem gefeiert wird. Außerdem: Badeland, Internetcafé, Playstation, Kino, Pizzeria, Curling, eine Multiarena. *Hesselager, Bøsørevej 16, Tel. 62 25 11 45, Fax 62 25 11 46, www.bosore.dk. 40 km von Odense*

Kerteminde [130 A2]

Das ★ *Fjord & Bælt Go under Water* der Stadt (5500 Ew.) ist Forschungseinrichtung und Erlebniszentrum zugleich. Größte Attraktion ist ein 50 m langer Unterwassertunnel, von dem aus die Unterwasserwelt beobachtet werden kann. *Margrethes Plads 1, Juli–Mitte Aug. tgl. 10–18, Mitte Aug.–Nov. und Febr.–Juni Mo–Fr 10–16, Sa/So 10–17 Uhr, Eintritt 85 Kronen, www.gounderwater.com. 15 km von Odense*

Zwei Restaurantempfehlungen: *Rudolf Mathis, Dosseringen 13, Tel. 65 32 32 33, www.rudolf-mathis.dk, €€€* und *Gittes Fiskehus, Hindsholmvej 5, Tel. 65 32 12 38, €€*. Der eine ist der vielleicht beste Fischkoch Dänemarks, die andere bietet vis-a-vis ein Fischbüfett, wie es die Götter lieben würden.

Nyborg **[130 B2]**
Wie eine Wehrburg thront das *Schloss von Nyborg* über der Stadt (15 400 Ew.): Bis Anfang des 15. Jhs. hatte hier der Danehof, eine Art Reichstag, seinen Sitz *(April bis Okt. Di–So 10–16, Juli bis 17 Uhr, Eintritt 30 Kronen)*. Das *Restaurant Cadet* in der *Havnegade 2 a, Tel. 65 31 33 03, www.cadet.dk, €€,* erfüllt gehobene Standards: Knurrhahn gegrillt, frisch paniertes Fischfilet Frokostteller mit wechselndem Angebot. Es wird auch an Tischen auf der Hafenmole serviert. *20 km von Odense*

SVENDBORG

[130 A3] Das 750 Jahre alte Svendborg (43 000 Ew.) hat ein Temperament, das an italienische Verhältnisse erinnert. Hier wird gefeiert bis spät in die Nacht, bei Wind und Wetter, und natürlich ganz besonders, wenn die Sonne lacht oder laue Sommernächte die Laune in den Himmel heben. Svendborg ist eine fröhliche Stadt.

SEHENSWERTES

Anne Hvides Gaard
Svendborgs ältestes profanes Gebäude (1560) ist Teil einer ehemals vierflügeligen Anlage. In dem dreistöckigen Bau werden Kunstausstellungen gezeigt. *Fruestræde 3, April–Okt. Di–So 10–17 Uhr, Eintritt 25 Kronen*

Hafenviertel
Es ist nicht groß, aber es hat viel Charme. Jede Menge Kneipen und Restaurants – und unmittelbar hinter den Fähranlagen, von wo aus es nach Ærø geht *(www.aeroe-ferry.dk)*, ein Yachthafen für Freizeitkapitäne, in dem immer etwas los ist.

MUSEUM

Naturama
Svendborgs neues Museum ist mehr als ein naturhistorisches Museum: Hier können Sie die Tierwelt zwischen Nordatlantik und europäischem Festland nicht nur ansehen, sondern auch berühren, ertasten oder an Hand von Filmen, Geräuschen, Bildern oder szenischen Darstellungen kennen lernen. *Dronningemaen 30, Mitte Jan.–Mitte Dez. Di–So 10–17 Uhr, Eintritt 70 Kronen, www.naturama.dk*

ESSEN & TRINKEN

La Buca
Schwertfisch mit schwarzen Oliven, gegrillter Steinbutt, Scampipasta in Thymian-Cognac-Sauce. Überdachter Wintergarten mit Blick auf den Hafen. *Jessens Mole 17, Tel. 62 22 42 45, €€*

Havnens Fiskehus
Zur Straße hin liegt der Verkaufsraum mit fangfrischen Fischen, im Hinterhaus werden kleinere Köstlichkeiten wie Fischlasagne, Lachsmousse oder Krabbentorte serviert. *Frederiksgade 7, Tel. 62 21 26 06, €*

Im Hafen von Svendborg: moderne Yachten neben alten Schiffen

EINKAUFEN

Birthe Simonsen
In ihrem hellen, skandinavisch klar gestalteten Geschäft verkauft Birthe Simonsen eigene keramische Arbeiten: elegante Vasen und Schalen genauso wie Gebrauchskeramik. *Fruestræde 19*

ÜBERNACHTEN

Hotel Ærø
Wo die Fähren nach Ærø ablegen, da liegt dieses traditionelle Hotel, das seit 1870 betrieben wird: einfache Zimmer, freundlicher Service und gemütliche Atmosphäre. Im Restaurant unbedingt nach dem Tagesangebot an Fisch fragen. *12 Zi., Brogade 1, Tel. 62 21 07 60, www.hotel-aeroe.dk,* €

Christiansminde
Nettes Mittelklassehotel nur wenige Kilometer östlich des Stadtkerns, hübsch und ruhig direkt an der Küste gelegen. *98 Zi., Christiansmindevej 16, Tel. 61 21 90 00, Fax 61 21 60 82, www.christiansminde.dk,* €€

Hotel Garni
Freundlich eingerichtete Zimmer mit eigenem Bad; Atmosphäre und Frühstück sind dänisch gut. *18 Zi., Toldbodvej 5, Tel. 62 21 07 60, Fax 63 20 30 51, www.hotel-garni.dk,* €–€€

FREIZEIT & SPORT

Dampfschiff »Helge«
Vom Hafen in Svendborg (Jessens Mole) fährt von Mai bis August zweimal täglich das 1924 in Svendborg vom Stapel gelaufene Schiff hinaus in die dänische Südsee. Drei Stunden lang geht es durch die Inselwelt. Ein Erlebnis sind die Abendfahrten, wenn die »Helge« wie ein Wesen aus einer anderen Welt durch das Dunkel der Nacht dampft. Der aktuelle Fahrplan liegt bei der Touristinformation aus. *Tel. 62 21 09 80, Rundfahrt 80 Kronen*

Insider Tipp

Maritimt Center Danmark
Mal etwas anderes: Tagestouren in die Südsee mit einem alten Segelschiff. Die Fahrten von Svendborg oder Faaborg dauern zwischen zwei und etwa sechs Stunden. Fahrkarten verkaufen die örtlichen Turistinformationen. Im Juli und August werden Abendtouren in die dänische Südsee angeboten, Kosten pro Person etwa 125 Kronen. *Havnepladsen 2, Tel. 62 21 00 03, Fax 62 80 02 15, www.maritimt-center.dk*

AUSKUNFT

Sydfyns Turistbureau
Centrumpladsen 4, Tel. 62 21 09 80, Fax 62 22 05 53, www.svendborg.dk

Ordnung muss sein, besonders auf dem Schiff

ZIELE IN DER UMGEBUNG

Broholm Slot **[130 A3]**

Insider Tipp

Das Schloss 10 km nördlich von Svendborg beeindruckt durch seine mächtige spätgotische Anlage mit Wassergraben. Als es im 19. Jh. im Besitz des königlichen Kammerherrn Sehested war, wurde auf dem Gut ein Goldschatz aus der Eisenzeit gefunden. Der Kammerherr ließ sich ein privates Museum für seine Funde errichten. Das Hauptgebäude von Broholm sowie das vorgeschichtliche Museum N.F.B. Sehesteds Oldtidssamling können im Sommer besucht werden. *Broholmsvej 32, Gudme, Juli tgl. 11–16 Uhr, sonst nur für Gruppen, Tel. 62 25 10 55, www.broholmgods.dk, Eintritt (Schloss, Bibliothek und Oldtidssamling) 70 Kronen*

Gudme **[130 A3]**

1993 stieß man bei Bauarbeiten in dem kleinen Ort Gudme (800 Ew., 10 km nördlich von Svendborg) auf eine Siedlung aus der Eisenzeit, Überreste des ersten dänischen Königreichs. Die repräsentative Halle des Königs von Gudme war 50 m lang und 9,5 m breit – heute markieren Eichenstumpen das Fundament. In der Gegend zwischen Gudme und Lundeborg wurden 1280 kg Silber aus der Erde geholt: Münzen und Plaketten, aber auch Schmuck. Gudme war das Zentrum des damaligen Handels in Skandinavien – wie und warum es unterging, weiß niemand.

Lundeborg **[130 B3]**

Insider Tipp

Ein kleiner Hafen – und so viel Atmosphäre! Das alte Packhaus, rot und groß und imposant, wurde restauriert und den Fischern von Lun-

Weihnachtsmarken

Die Idee eines Postbeamten setzte sich durch

Einar Holbøll erfand im Jahr 1903 etwas, das bis heute an die Wohltätigkeit der Menschen in der Vorweihnachtszeit appelliert: die *julemærker. Julemærker* werden zusätzlich zum Porto auf Postkarten, Briefe, Päckchen und Pakete geklebt. Der Erlös aus dem Verkauf dieser Marken kommt gemeinnützigen Kindereinrichtungen zugute. In Dänemark sind das pro Saison rund 20 Mio. Kronen. *Julemærker* sind zu begehrten Sammlerstücken geworden.

deborg zum Geschenk gemacht. Fisch gibt es direkt vom Kutter, Bier schenkt die Gaststube im windgeschützten Hof des Packhauses aus, Handfestes serviert der *Lundeborg Kro, Havnevej 10, Tel. 62 25 40 45,* €. Der *Strand* ist einer der schönsten und kinderfreundlichsten: viel Sand und wenig Brandung. Im Juli und im August fährt eine Personenfähre zwei- bis dreimal täglich hinüber nach Lohals auf Langeland *(75 Kronen, Tel. 62 25 11 00). 5 km nordöstlich von Svendborg*

Thurø **[130 A3–4]**
Wenige Kilometer östlich von Svendborg liegt die Insel Thurø, seit 1935 durch einen Damm mit dem Festland verbunden. Thurø hat einen der besten Badestrände Fünens, *Smørmosen,* am östlichen Ende der Insel.

Troense **[130 A4]**
Die Stadt (1500 Ew.) auf der Insel Tåsinge gilt als eine der schönsten Dänemarks – ganz sicher ist sie eine der reichsten. Eindrucksvoll ist aber auf jeden Fall die *Strandstraße:* Reetdachidylle hier, der Sund von Svendborg dort. Das Restaurant *Lodskroen, Troense Strandvej 80, Tel. 62 22 50 44,* €€€, ist für seine Fischgerichte berühmt, *Det Lille Hotel (8 Zi., Badstuen 15, Tel. 62 22 53 41, www.detlillehotel.dk)* für die idyllische Lage und den wunderschönen Garten.

Valdemars Slot **[130 A4]**
★ Zu Christians IV. Zeiten, um die Mitte des 17. Jhs., gehörte ganz Tåsinge zum Besitz des Schlosses, das nur knapp 2 km südöstlich von Svendborg liegt. Dänemarks absoluter Monarch hatte es für seinen Lieblingssohn Valdemar bauen lassen, aber Valdemar verbrachte nicht einen Tag auf seinem Schloss. Statt dessen nahm es Admiral Niels Juel in Besitz, der 1677 die schwedische Flotte besiegte und als Lohn Valdemars Schloss erhielt. Insgesamt 25 Räume können besichtigt werden. Im Obergeschoss ist ein Museum mit einer der größten Trophäensammlungen Dänemarks zu sehen. Der Schwerpunkt im Dänischen Spielzeugmuseum liegt auf Spielzeug von 1925 bis 1975. Seit 1995 befindet sich auch Dänemarks Museum für Freizeitschifffahrt auf Valdemars Schloss. Ge-

Einer der 25 zugänglichen Räume in Valdemars Slot

zeigt werden mehr als 60 Boote. *Slotsalléen 100, Troense, Ostern und Mai–Aug. tgl. 10–17, Sept. Di–So 10–17, Okt. Sa/So 10–17 Uhr, www.valdemarsslot.dk, Eintritt für Schloss und vier Museen 90 Kronen.*

Im Restaurant *Slotskælderen, Tel. 62 22 59 00, €€€,* kocht Chefkoch Claus Holm auf Gourmetniveau. Spezialität des Hauses: Wild aus den Wäldern von Tåsinge. Im gelben Torhaus kann übernachtet werden: *Pension Valdemars Slot, 8 Zi., Tel. 62 21 17 00, €€.*

SÜDFÜNISCHES INSELMEER

Avernakø **[129 F5]**

Avernakø (120 Ew.) ist mit 19 km Küste die längste unter den kleinen Südseeinseln. *Fährverbindung von Faaborg. Preben Lund Jensen (Hovedgaden 79, Tel. 62 61 71 21)* vermietet modern und zweckmäßig eingerichtete Ferienwohnungen. Auf Avernakø gibt es einen kleinen Kaufmannsladen. Die große Festlichkeit der Insel ist das *Aufstellen des Maibaums* (Insider Tipp) am Pfingstsonnabend – an diesem Tag feiert die ganze Insel.

Birkholm **[129 F6]**

Die kleinste unter den Kleinen: knapp 1 km^2 und drei Einwohner. Die Fischerbrüder Mortensen leben seit mehr als 50 Jahren hier – sie teilen sich die Insel mit Grethe Ramdrup, die im Sommer ein kleines, hübsches *Café* unterhält. Es gibt einen einfachen Zeltplatz am Seglerhafen. Westlich des Hafens liegt ein kleiner *Badestrand,* zweimal täglich verkehrt ein das Postboot »Birkholmposten« *(Tel. 62 54 17 77)* zwischen Marstal auf Ærø und Birkholm – der Rest ist Ruhe und Schweigen.

Bjørnø **[129 F5]**
Knapp 40 Menschen leben auf 1,5 km². *Bjørnø By* ist ein idyllisches kleines Dorf mit reetgedeckten Fachwerkhäusern, im Norden gibt es einen passablen *Badestrand. Fährverbindung nach Faaborg. Bed & Breakfast* und Ferienwohnungen bietet *Lis Jørgensen, Tel. 62 61 31 86, €.*

Drejø **[129 F5–6]**
80 Einwohner, 4,3 km² groß, 5 km lang, eine Kirche aus dem Jahr 1535 (Schlüssel kann beim Pastor abgeholt werden) und ein idyllischer Fischerhafen, der den großen Brand überdauerte, der 1942 Drejø By in Schutt und Asche legte. Nur die eine Hälfte der Insel wird landwirtschaftlich genutzt, der Rest darf verwildern. Ein schöner *Badestrand* mit feinem Sand befindet sich bei *Bækskilde* an der Südküste der Insel. *Fährverbindung nach Svendborg, Platzreservierung unter Tel. 62 21 02 62. Fahrradverleih* bei Edith und Ejlif Rasmussen, *Drejø Brovej 13, Tel. 62 21 02 33*

Hjortø **[129 F6]**
Eine der kleinsten unter den bewohnten Inseln der Südsee: 15 Einwohner auf 1 km² Fläche. Insider Tipp Ein kleiner, abenteuerlicher Ausflug ist eine Wanderung zu der vorgelagerten Insel *Hjelmshoved* – nur bei niedrigem Wasserstand eine wirkliche Freude für unerfahrene Wassergänger. *Fährverbindung von Svendborg, einfacher Zeltplatz beim Hafen*

Insider Tipp **Lyø** **[129 E5]**
Die 6 km² große Insel mit ihren knapp 150 Einwohnern gilt als das Kleinod der Südsee. Viele Häuser in Lyø By sind reetgedeckt, in manchen finden sich immer noch Fenster aus mundgeblasenem Glas. *Eine Fähre fährt von Faaborg mehrmals täglich.* Es gibt einen primitiven *Zeltplatz,* man kann *Sommerhäuser* und *Wohnungen* mieten *(Mikkelgården, Tel. 62 61 89 49, Info Turistbureau Faaborg). Fahrradvermietung* am kleinen Kaufmannsladen, *Lyø Bygade 13, Tel. 62 61 87 08, Fischverkauf Mo–Sa 16–17 Uhr*

Skarø **[129 F5]**
20 Einwohner, aber 50 Vogelarten, und das alles auf 2 km². Die Insel wird von Deichen vor Überflutung geschützt, und man hat begonnen, einen Wald mit einheimischen Gehölzen anzulegen. Gute Strände gibt es nicht, dafür haben Schwäne die Südküste zu ihrem Dauerrastplatz gemacht. *Fährverbindung von Svendborg, Tel. 62 21 02 62*

Strynø **[129 F6]**
Mit seinen über 200 Einwohnern zählt Strynø zu den großen Gemeinden der Südsee. Der *Kro von Strynø, Stjernegade 4,* bietet gefüllte Scholle, gebratene Aal und *dansk bøf,* außerdem eine überraschend gute Weinkarte. Gleich am Fähranleger liegt ein annehmbarer *Strand.* Gemütliche Ferienwohnungen vermieten Torben Vestergård und Kirsten Poulsen in der renovierten einstigen Meierei, *Nørrevej 6, Tel. 62 51 51 92, €.* Die Attraktion der Insel ist das kleine Museum *Øhavets Smakkecenter.* Die Smakke ist ein extrem flacher Kahn, mit dem die Einheimischen die dänische Südsee befuhren. Wer will, kann eine Smakke mieten *(Strynø Brovej 12, Tel. 62 51 55 99). Fährverbindung von Rudkøbing, Tel. 62 51 51 00*

NEW YORK
LONDON
BEIJING
HOTEL

Idylle und Aufbruch östlich des Großen Belts

Metropole im Aufbruch: Seeland und Kopenhagen sind auf dem Weg zur Øresundmetropole, Møn, Lolland und Falster dagegen voller Gelassenheit

Auf Seeland wohnen 2,4 Mio. Menschen. Das sind 44 Prozent aller Dänen. Jütland hat 2,6 Mio. Einwohner, aber auf eine dreimal größere Fläche verteilt. Aber hat man erst einmal die Hauptstadt und ihre ausufernden Vorstädte verlassen, dann ist auch Seeland reinstes Dänemark: ländlich, ruhig, überschaubar. Das gilt im Norden, wo die besten Strände liegen, ebenso wie im Süden. Aber Seeland ist auch die Insel der Reichen und Mächtigen, der Könige und Reeder, der Schönen und der Neureichen. Eine Fahrt auf dem Strandvejen von Kopenhagen nach Helsingør öffnet jedem die Augen: Wer wissen will, wie viel Schönes mit viel Geld geschaffen werden kann, der wird aus dem Staunen nicht mehr herauskommen. Lolland, Falster, Møn und Südseeland wirken dagegen wie vergessen: Zwischen weiten Feldern, langen Stränden und Kreidefelsen ticken die Uhren viel langsamer als in der Hauptstadt. Das nutzen die Inseln längst als Stärke: Gemeinsam mit Møn und Südseeland sowie deutschen Partnern haben sie die deutsch-dänische Ferienkooperation Kinderland Ostsee *(www.gumda.com)* gebildet. Familien sind hier richtig: Die Strände haben flaches Wasser, die Attraktionen sind zahlreich.

Drachenbrunnen auf dem Rathausplatz von Kopenhagen

Strände gibt es auf Seeland natürlich auch

FALSTER

[131 D–E 4–6] Falster (50 000 Ew.) ist mit den beiden Nachbarinseln Lolland im Westen und Seeland im Norden durch Brücken verbunden.

An der Ostküste der Insel gibt es schöne Sandstrände.

SEHENSWERTES

Gedser **[131 D6]**
Ganz im Süden von Falster liegt das nur als Fährhafen wichtige Gedser: Von morgens früh bis abends pendeln die Fähren im Zweistundentakt hinüber zum Überseehafen nach Rostock. *Infos und Tickets unter Tel. 33 15 15 15 (aus Dänemark) oder www.scandlines.de*

Marielyst **[131 D5]**
Bei Marielyst an der Ostküste von Falster liegt eines der größen Feriengebiete Dänemarks: Etwa 5000 Sommerhäuser stehen hier, einzeln am Strand oder in kleinen Feriensiedlungen. Dazu Restaurants, Cafés, Läden und Eisbuden. Der Strand ist weit, breit und sauber – wie das Wasser. Marielysts Alternative zu Strandtag oder schlechtem Wetter heißt *Golf & Fun Park* – ein Spaß- und Erlebnispark für Familien und andere Unterhaltungssüchtige. Golf wird hier anders als üblich gespielt: als Adventuregolf à la Minigolf, Footballgolf oder Frisbeegolf *(Bøtø Ringvej 2 e, Bøtø, Væggerløse, Juni–Mitte Okt. tgl. 10–16 Uhr, www.golffunpark.dk, Eintritt 60 Kronen).* Fans klassischer Sportwagen sind im Automobilmuseum *Marielyst Sports Cars, Stovby Trværvej 11, Væggerløse, tgl. 10–17 Uhr, www.boesminde.dk, Eintritt frei,* richtig.

Nykøbing/Falster **[131 D5]**
Die Stadt am Guldborg Sund (27 000 Ew.) ist die heimliche Metropole von Falster. Modern mit einer Fußgängerzone wie anderswo auch, lebt Nykøbing von Zucker, Tabak oder Konserven. Und von der Vergangenheit: Das *Middelaldercenter* in Sundby – das streng genommen auf Lolland liegt –, ist als »echtes« Dorf aus dem Jahr 1393 vielleicht die wichtigste Attraktion der ganzen Insel. Eine in ihrer Bescheidenheit und Gemütlichkeit typisch dänische Mischung aus Zoo und botanischem Garten ist der *Folkeparken.* Zwischen Affenhaus, Emus und einem Garten der Sinne für Kinder geht es beschaulich zu. *Øster Allé 97, tgl. Mai bis Sept. 9–18, Okt.–April 10–16 Uhr, www.nyk-f-zoo.dk, Eintritt 40 Kronen*

Einige alte Kaufmannshäuser und das *Czarens Hus,* das Haus des Zaren, bilden das Museum *Falsters Minder:* Zar Peter der Große kam im Juli 1716 unangemeldet auf dem Landweg von Gedser nach Kopenhagen in der Gaststube vorbei. Im Restaurant darf auch heute noch gespeist werden. Darüber hinaus zeigt das Museum Historisches aus Falsters längst verschwundener Land- und Stadtkultur. *Langgade 2, Mai–Mitte Sept. Di–Sa 10–16, So 14–16, Mitte Sept.–April Di–So 10–16 Uhr, www.aabne-samlinger.dk/falsters-minder, Eintritt 20 Kronen.* Ein familienbetriebener Gasthof mit gemütlicher, wenn auch nicht luxuriöser Ausstattung ist das Hotel *Falster, 68 Zi., Skovalléen, Tel. 54 85 93 93, Fax 54 82 21 99, www.hotel-falster.dk,* €

MUSEEN

Stubbekøbing Motorcykel- og Radiomuseum **[131 E4]**
Motorrad- und Radiomuseum: Eine ungewöhnliche Kollektion, die man

da in Falsters ältester Ortschaft *Stubbekøbing,* die auf das 13. Jh. zurückgeht und etwa 20 km nördlich von Nykøbing liegt, findet: Wer sammelt schon alte Motorräder, Mopeds und Radios gleichzeitig? Die Enthusiasten vom *Stubbekøbing Motorcykel- og Radiomuseum* tun es. *Nykøbingvej 54, Juni–Aug. tgl. 10–17, Mitte April–Mai und Sept. Sa/So 10–17 Uhr, www.stubbekoebing.dk/museum, Eintritt 35 Kronen*

Traktormuseum [131 D4]
Nordeuropas größte Sammlung an historischen Traktoren und Motoren aus der Zeit von 1880 bis 1960 mit eigener Werkstatt finden Oldtimerfans in dem kleinen Ort *Eskilstrup,* 15 km nördlich von Nykøbing. Die über 200 Dampfrösser machen auch Kindern Spaß. *Nørregade 17 b, Mitte Mai–Sept. Di–So 10–17 Uhr, Juli/Aug. auch Mo, www.traktormuseum.dk, Eintritt 40 Kronen*

FREIZEIT & SPORT

Svømme Center Falster [131 D5]
Gesundheits-, Spaß- und Erlebnisbad mit u. a. 60 m-Wasserrutsche und Plätzen für Beachvolleyball. *Kringelborg Allé 3, Nykøbing, tgl. Juli 10–17 Uhr, Aug.–Juni 6.30–8 und 13–21 Uhr, www.sc-falster.dk, Eintritt 43 Kronen*

AUSKUNFT

Nykøbing F. Turistinformation
Østergågade 7, Nykøbing, Tel. 54 85 13 03, Fax 54 85 10 05, www.tinf.dk

KOPENHAGEN

Karte in der hinteren Umschlagklappe

[127 E–F 5–6] Eigentlich besteht die dänische Hauptstadt (1,2 Mio. Ew.) aus zwei voneinander völlig unabhängigen Teilen. In der Altstadt tobt

MARCO POLO Highlights »Seeland«

★ **Frederiksborg Slot**
Prächtiges Schloss mit wundervollem Garten (Seite 85)

★ **Møns Klint**
100 m hohe Steilküste aus Kreide (Seite 92)

★ **Louisiana/Humlebæk**
Beeindruckende Kunstsammlung und phantastische Aussicht vom Park (Seite 86)

★ **Wikingerzentrum**
Die Hinterlassenschaft der großen Seefahrer ist in Roskilde zu bewundern (Seite 88)

★ **Tivoli**
Der erste Vergnügungspark der Welt (Seite 83)

★ **Lille Havfrue**
Das Wahrzeichen Kopenhagens an der Hafenpromenade (Seite 82)

Schloss Amalienborg, der Kopenhagener Wohnsitz der Königsfamilie

das Nacht-, Kultur- und Geschäftsleben, hier geht es um große und kleine Politik. Außerhalb dieses eng umrissenen und gut überschaubaren Gebiets verliert sich die Stadt im Unüberschaubaren: Vorstädte, Autobahnkreuze, Wildwuchs. Denn Kopenhagen wächst – immer noch, und immer stärker. Seit der Eröffnung der Brücke über den Øresund im Jahr 2000 hat eine neue Epoche für die Øresundregion begonnen. Kopenhagen ist eine Stadt im Aufbruch – swinging Kopenhagen.

Ausführliche Informationen zur Hauptstadt Dänemarks finden Sie im MARCO POLO Reiseführer »Kopenhagen«.

SEHENSWERTES

Amalienborg Slot [U E–F 2–3]
Amalienborg ist das Zentrum der so genannten Friedrichsstadt, die auf Anordnung Frederiks V. ab 1748 aus dem Boden gestampft wurde. Ist die Königin anwesend, wird der Wachwechsel, der täglich um 12 Uhr stattfindet, mit Musik zelebriert; ist sie verreist, muss es auch ohne Musik gehen.

Lille Havfrue [U F1]
★ Ganz und gar unschuldig sitzt die kleine Meerjungfrau, geschaffen von Edward Eriksen, seit 1913 auf einem Stein am Ende der Langelinie, der schönen Hafenpromenade Kopenhagens. Gestiftet hat sie Carl Jacobsen, Herr über die Carlsbergbrauerei und ein großer Mäzen.

Nyhavn [U E3]
Die Vergnügungsmeile Kopenhagens: keine 300 m lang, aber von allem etwas. Kneipe an Kneipe, Restaurant neben Restaurant, Tische so dicht nebeneinander, dass

es kaum ein Durchkommen gibt. In dem Kanal, an dem vor 200 Jahren die Segler aus aller Welt festmachten, liegen heute Freizeitskipper mit ihren Booten und ehemalige Feuerschiffe. Die Atmosphäre ist so maritim und aufwühlend, dass man sich kaum vorstellen kann, dass in dem Haus Nyhavn 20 der Märchendichter Hans Christian Andersen gelebt hat – und Ruhe fand.

Tivoli **[U B–C5]**
★ Es war ein Journalist, der 1843 vor den Toren Kopenhagens den ersten Vergnügungspark der Welt eröffnete. Sehr schnell wurde aus dem Park jenseits der ehemaligen Wallanlagen ein Ort für die ganze Familie. Karussells drehen unter freiem Himmel ihre Runden, Kinder, und nicht nur sie, können sich dem Zauber des Theaters nicht entziehen, das kostenlos und in freier Luft Komödien und Märchen zum Besten gibt. *Mitte April–Sept. tgl. 11–23 Uhr, Eintritt 68 Kronen*

MUSEEN

Christiansborg Slot **[U D4]**
Zweimal wurde das Stadtschloss der dänischen Könige, heute unter anderem Sitz des Folketings, des dänischen Parlaments, von Feuern verwüstet; zuletzt 1884. Die jetzige Fassung stammt von dem Architekten Thorvald Jørgensen, der das Schloss in barockisierender Form wieder auferstehen ließ. Die königlichen Repräsentationsräume können ebenso besichtigt werden wie Insider Tipp der 40 m lange Rittersaal und die Ruinen des ersten Schlosses, das 1167 von Bischof Absalon, dem Gründer Kopenhagens, gebaut wurde. *Führung in deutscher Sprache durch die königlichen Räume Mai bis Sept. tgl. 11, 13 und 15, Okt. bis April Di–So 15 Uhr, Eintritt 45 Kronen. Ruinen: Mai–Sept. tgl. 10–16, Okt.–April Di–So 10–16 Uhr, Eintritt 30 Kronen*

Ny Carlsberg Glyptothek **[U C5]**
1888 stiftete der Brauereibesitzer Carl Jacobsen der Stadt ein Haus, das seine Sammlung antiker Skulpturen aufnehmen sollte. Daraus wurde ein Museum mit einem faszinierenden Bestand. Zu sehen sind Sarkophage aus Ägypten, Skulpturen von Auguste Rodin und eine bedeutende Sammlung französischer Impressionisten von Paul Cézanne bis Claude Monet. *Dantes Plads 7, Di–So 10–16 Uhr, Eintritt 40 Kronen, Mi und So Eintritt frei*

Rosenborg Slot **[U D2]**
Das königliche Lustschloss Christians IV. wurde 1607–17 vor den Toren der Stadt erbaut. Heute werden in dem Bau im Stil der holländischen Renaissance außer königlichem Porzellan und Silberzeug auch die größten Kleinodien der Royals gezeigt. *Eingang Øster Voldgade 4 a, Jan.–April und Nov.–Mitte Dez. Di–So 11–14, Mai und Sept. tgl. 10–16, Juni–Aug. 10–17, Okt. 11–15 Uhr, Eintritt 65 Kronen*

ESSEN & TRINKEN

Carlton **[U B6]**
In-Café und Restaurant am Platz Halmtorvet im einstigen Schmuddel- und jetzigen In-Stadtviertel Vesterbro, gleich gegenüber vom Kultur- und Ausstellungscenter Øksnehallen. *Halmtorvet 14, Tel. 33 29 90 90, €–€€*

Cofoco **[U B5]**
Eines der besten und darum beliebtesten Restaurants der Stadt – mit entsprechender Warteliste. Wöchentlich wechselnde Karte, deren Überschaubarkeit die – für dänische Verhältnisse – günstigen Preise möglich macht. *Abel Cathrinesgade 7, Tel. 33 13 60 60, €–€€*

Nørrebro Bryghus **[U B1]**
Beliebtes Minibrauhaus in einem Fabrikgebäude aus dem 19. Jh. Dazu klassische dänische Gerichte. *Ryesgade 3, Tel. 35 30 05 30, €*

Riccos Kaffebar **[U A6]**
Klein, aber ausgesucht: Kaffeespezialist Ricco röstet sogar die Bohnen selbst, damit die Qualität von Latte Macchiato und Co stimmt. Man schmeckts. *Istedgade 119*

EINKAUFEN

Die Einkaufsstraße *Strøget*, windet sich 1,5 km lang vom Rathausplatz bis Kongens Nytorv **[U C–E 3–4]**. Hier gibt es beinahe alles, was der Mensch zum Leben braucht. Das gewisse Etwas kann man in *Illums Bolighus* bestaunen, dem edelsten Einrichtungshaus des Landes. Von Strøget zweigt die *Ny Østergade* ab – hier wechseln Cafés mit exklusiven Boutiquen, Restaurants mit eigenwilligen Läden.

ÜBERNACHTEN

Absalon **[U B5]**
Älteres Hotel mit Charme nicht weit von Hauptbahnhof, Rathaus, Tivoli und anderen Sehenswürdigkeiten. *186 Zi., Helgolandsgade 15, Tel. 33 24 22 11, Fax 33 24 34 11, www.absalon-hotel.dk, €€*

Pause vom Shoppen bei Illums

Admiral **[U E3]**
Luxuriöse Zimmer in einem ehemaligen Speicher mit Aussicht auf den Hafen. Zentral gelegen, sehr ruhig. *366 Zi., Toldbodgade 24, Tel. 33 74 14 14, Fax 33 74 14 16, www.admiralhotel.dk, €€€*

AM ABEND

Victor's **[U D3]**
Dies ist ein Treffpunkt für alle, die sehen wollen – oder unbedingt gesehen werden müssen. *Ny Østergade 8*

AUSKUNFT

Wonderful Copenhagen Tourist Information **[U B5]**
Vesterbrogade 4 a, Tel. 70 22 24 42, Fax 70 22 24 52, www.visitcopenhagen.com. Die *Copenhagen Card*

(für 24 Std. 199 Kronen, 72 Std. 429 Kronen) gewährt freien Eintritt in rund 60 Museen und Attraktionen sowie die kostenlose Beförderung mit öffentlichen Verkehrsmitteln *(www.copenhagencard.dk).*

ZIELE IN DER UMGEBUNG

Frederiksborg Slot **[127 E4]**

★ Das Schloss der Könige, prachtvoller als alle anderen; ein imposantes Herrschaftsgebäude, das 1859 bis auf die Schlosskirche ausbrannte, 1884 wieder aufgebaut war und heute schöner dasteht als je zuvor. Insider Tipp Der Barockgarten war einmal der bedeutendste Skandinaviens – und er ist es wieder. Nach Jahren der Rekonstruktion steht er in vollster Blüte mit seinen schnurgeraden Terrassen, seinen Kaskaden und Blumenbeeten. Der Rundgang durch die 70 Räume ist eine Wanderung durch die dänische Geschichte der vergangenen 500 Jahre. Selten ist ein Schloss derart prächtig angelegt worden, selten ist die Wirkung auf die Besucher so überwältigend. *Hillerød, tgl. Mitte März–Okt. 10–17, Nov.–Mitte März 11 bis 15 Uhr, www.frederiksborgmuseet.dk, Eintritt 60 Kronen. 10 km nördlich von Kopenhagen*

Gilleleje **[127 E3]**

Strand und Dünen, so weit das Auge reicht. Der Fischerort (1500 Ew.) erfreute sich wie das benachbarte *Tisvildleje* schon immer vor allem bei den Kopenhagenern, die sich kein eigenen Sommerhaus leisten können, großer Beliebtheit. Hier geht es gepflegt, wenn eben auch nicht mondän zu. Die Dünen erstrecken sich über Kilometer, das Wasser ist nicht so aufgewühlt wie an der Westküste, es gibt jede Menge Buden und Restaurants. *50 km nördlich von Kopenhagen*

Ansehnliche Flotte: Fischerboote im Fischereihafen von Gilleleje

Helsingør **[127 E4]**
Die größte Provinzstadt Seelands (45 000 Ew.) war schon immer eine Art Grenzstadt. Als Dänemark und Schweden verfeindete Brüder waren, standen hier die Kanonen, die den Øresund überwachten. In den Kasematten von *Schloss Kronborg* ruht Holger Danske, eine Skulptur des Bildhauers Pedersen-Dans. Von ihr heißt es, der schlafende Riese werde erwachen, wenn Gefahr für das Land drohe. Sein oder Nichtsein: Auch Shakespeare ließ seinen Prinzen Hamlet auf Schloss Kronborg dramatisch werden, das über den größten und wohl auch schönsten Rittersaal Dänemarks verfügt *(Mai–Sept. tgl. 10.30–17, April und Okt. Di–So 11 bis 16, Nov.–März Di–So 11–15 Uhr, Eintritt 75 Kronen, www,kronborgcastle.com)*. Die Aussicht von den Befestigungsmauern hinüber nach Schweden ist überragend.

Weil Helsingør immer ein wenig abseits lag, hat sich die sehr lebendige Hafenstadt viel von ihrer historischen Atmosphäre bewahrt. Zu den schönsten Ensembles gehört ganz sicher das Karmeliterkloster St.-Marienkirche aus dem 15. Jh., das einzige Skandinaviens, das vollständig über die Zeit gerettet werden konnte *(Mo–Sa 9–12 Uhr, Mitte Mai–Mitte Sept. tgl. 14 Uhr Führung, Eintritt 20 Kronen). 22 km nördlich von Kopenhagen*

Insider Tipp

Hundested **[127 D4]**
Ein kleiner Ort (8400 Ew.), aber mit der Erinnerung an eine große Vergangenheit. Hoch über der Steilküste steht das Haus des Polarforschers Knud Rasmussen. Alles wurde so bewahrt, wie es Rasmussen, der 1933 starb, hinterlassen hat. Das Wohnhaus eines Wissenschaftlers und Entdeckers, voller merkwürdiger Gegenstände und Apparate. *Knud Rasmussens Museum, April–Okt. Di–So 11–16 Uhr, Eintritt 25 Kronen. 60 km nordwestlich von Kopenhagen*

Louisiana/Humlebæk **[127 E4]**
★ Der Fabrikant, Kunstmäzen und Sammler Knud Jensen war es, der aus einem ehemaligen Herrenhaus eine Kunststiftung und das wohl am meisten besuchte Museum Dänemarks machte. Jedes Jahr wollen mehr als eine halbe Million Besucher die Werke von Max Ernst, Augusto Giacometti oder Alexander Calder sehen, die zum festen und berühmten Inventar zählen. Geradezu überlaufen sind die Sonderausstellungen, die international hohes Ansehen genießen. Aber nicht nur die Kunst lohnt den Besuch: Der Ausblick vom Park, der weit über dem Øresund liegt, ist einfach sensationell. Verlockend, wenn auch nicht unbedingt sensationell, ist das Angebot der Cafeteria. *Gamle Strandvej 13, tgl. 10–17, Mi bis 22 Uhr, Eintritt 76 Kronen, www.louisiana.dk. 20 km nördlich von Kopenhagen*

Odsherred **[127 E4]**
Odsherred, ganz im Nordosten von Seeland, ist ein weites Land. Ein Land mit eigenem Charakter und mit Stränden, deren feiner, reiner Sand durch die Zehen rieselt wie Zucker. Odsherred war bis in das späte 19. Jh. eine ländliche Oase, fernab von jedem und allem. Land der Bauern und der Fischer. Heute warten 20 000 Sommerhäuser auf Gäste. Aber was sind schon ein paar Tausend Häuser angesichts einer

Landschaft, die unendlich scheint? Segeln, Angeln, Surfen – alles, was auch nur im entferntesten mit Wasser zu tun hat – hier wird es geboten. Wer Ruhe sucht, muss auf die gegenüberliegende Seite von Odsherred wechseln, Richtung Westen. Die Landzunge von *Sjællands Odde* reckt sich 20 km hinaus ins Kattegat: Strand, so weit das Auge reicht, sonst nichts. Und wenn sich der Hunger rührt, dann geht es nach Odde zu *Den Gyldne Hane, Vestre Havnevej 34, Tel. 59 32 63 86, www.dengyldnehane.dk,* €€, wo der Fisch direkt aus den Netzen der Fischer in die Pfanne wandert.

Insider Tipp

Ein nationales Kleinod wurde zu Beginn des 20. Jhs. in Odsherred ausgegraben. Feldarbeiter entdeckten den so genannten *Solvognen,* den Sonnenwagen, eine Opfergabe aus der Zeit um 1000 v. Chr. Das Original befindet sich im Nationalmuseum von Kopenhagen, aber eine Kopie, angefertigt von dem berühmtesten Silberschmied Dänemarks, Georg Jensen, ist in *Odsherreds Kulturhistoriske Museum* zu sehen (*Høvevej 5, Asnæs, tgl. Jan–Mai und Sept./Okt. 9–14, Juni–Aug. 10–16 Uhr, www.odsherreds-museum.dk, Eintritt 20 Kronen*). Im großartigen *Schloss von Dragsholm* verbrachte der Gatte der Maria Stuart, James von Bothwell, seine letzten Jahre in Ketten, ehe ihn der Wahnsinn von seinen Qualen erlöste – heute kann man hier doch etwas bequemer übernachten *(28 Zi., Dragsholm Slot, Dragsholm Allé, Hørve, Tel. 59 65 33 00, Fax 59 65 30 33, www.dragsholm-slot.dk).*

Insider Tipp

Roskilde **[127 D5]**

Die Stadt (43 000 Ew.) war einmal Königssitz und die Handelsmetro-

Versöhnung

Vom Gegeneinander zum Miteinander: die Bonn-Kopenhagener Erklärungen

Auch über 60 Jahre nach Kriegsende feiert Dänemark den 5. Mai als Ende der deutschen Besatzung. Entscheidender Schritt zur Versöhnung von Dänen und Deutschen war vor rund 50 Jahren die Unterzeichnung der Bonn-Kopenhagener Erklärungen durch den dänischen Staatsminister H. C. Hansen und Bundeskanzler Konrad Adenauer. Ziel der fast identischen Regierungserklärungen: die Rechte der Minderheit im eigenen Staat zu sichern. Weil das Bekenntnis zu einer der Minderheiten persönlich ist, gibt es weder Statistik noch genaue Zahlen. Fachleute schätzen, dass sich im Südschleswig genannten Schleswig-Holstein etwa 50 000 Menschen zur dänischen Minderheit zugehörig fühlen. Nördlich der 69 km langen Grenze von BRD und Königreich leben in Nordschleswig, dem Amt Sønderjylland, zwischen 12 000 und 20 000 Deutsche als anerkannte Minorität.

Mit solchen Booten befuhren die Wikinger die Meere

pole Dänemarks. Das war im Mittelalter, ehe Kopenhagen Roskilde als Hauptstadt ablöste. In der Domkirche aus dem 12. Jh. liegt gewissermaßen die halbe dänische Geschichte begraben: Hier ruhen nicht weniger als 38 Königinnen und Könige. Zuletzt wurde die Königinmutter Ingrid, die im Jahr 2000 starb, in Roskilde bestattet. Ihr Grab liegt außerhalb der Domkirche. Roskilde war auch schon zu Zeiten der Wikinger ein wichtiger Handelsplatz. Ein halbes Dutzend Schiffe hat man aus dem Roskildefjord geborgen und restauriert. Zu sehen sind sie in einem eigenen ★ *Wikingerzentrum*, das inzwischen die Ausmaße einer kleinen Werft angenommen hat. Es kann bei der Rekonstruktion eines Schiffs zugesehen werden, die in einer eigenen Halle stattfindet und wohl noch ein paar Jahre dauern wird. *Vikingeskibsmuseet, am Hafen, tgl. 10–17 Uhr, www.vikingeskibsmuseet.dk, Eintritt 5 Kronen. 20 km von Kopenhagen*

Rungstedlund **[127 E5]**

Das Herrenhaus mit dem Charme eines Bauernhofs war der Familiensitz der Blixens. Hier ist Karen Blixen geboren und aufgewachsen, hier ist sie gestorben. Das Museum bewahrt außerordentlich feinfühlig die Atmosphäre, die sie dem Haus gegeben hat. Eine Ausstellung im Obergeschoss zeichnet ihren Lebenweg nach und stellt die Schreibmaschine aus, auf der Karen Blixen die meisten ihrer Werke verfasst hat – ein Fall für Reliquiensüchtige. Die Schriftstellerin ist im hinteren Teil des Parks, der zum Anwesen gehört, begraben. *Karen Blixen Museet, Rungsted Strandvej 111, Mai–Sept. Di–So 10–17, Okt.–April Mi–Fr 13–16, Sa/So 11–16 Uhr, Eintritt 40 Kronen, www.karenblixen.dk. 8 km nördlich von Kopenhagen*

LOLLAND

[130–131 B–D 4–5] Wer im Auto mit einer der Fähren der Vogelfluglinie Puttgarden–Rødby auf der Fahrt gen Kopenhagen Lolland erreicht, saust über die E 47 meist weiter gen dänische Hauptstadt. Lolland liegt ein wenig abseits der großen Urlauberströme.

SEHENSWERTES

Insider Tipp

Knuthenborg Safaripark **[130 C4]**

Als wärs ein Ort in Afrika: Auf 4 km^2 kann man im eigenen Auto auf Safari gehen. Rund 1000 exotische Tiere wie Giraffen, Nashörner, Strauße, Tiger oder Antilopen leben im savanneähnlichen Gehege etwa 8 km nördlich von Maribo. Das weitläufige Knuthenborg ist von einer 7,5 km langen Steinmauer umgeben. Das Anwesen ist ein echter Volkspark, in dem die Bewohner Lollands Feste feiern, picknicken oder Konzerten lauschen. Außerdem ein eigener Vergnügungspark für Kinder, *Småland. Birketvej 1, Bandholm, Ende April–Mitte Okt. tgl. 9–18, Juli bis 20 Uhr, www.knuthenborg.dk, Eintritt 95 Kronen*

Maribo **[130 C5]**

Zentrum von Lolland ist Maribo (6000 Ew.). Vom 1408 zeitgleich mit der Stadt gegründeten Kloster haben nur ein paar Ruinen im Park am See, vor allem aber die *Domkirche* von 1470, *Klostergade 33, tgl. April–Okt. 8–18, Nov.–März 8–16 Uhr,* überdauert. Außergewöhnlich: Das Gotteshaus hat zwei Chorräume – das Brigittenkloster war ein Doppelkloster für Nonnen und Mönche, die streng getrennt lebten. Ein echtes Familienerlebnis ist die Dampflokfahrt im Museumszug mit 30 km/h zwischen Maribo und Bandholm. Die Strecke ist 8 km lang. *Abfahrt vom Bahnhof Maribo Station Juni–Aug. So, Juli auch Di und Sa, www.djk.com, Fahrpreis 50 Kronen. Genaue Abfahrtszeiten beim Maribo Turistbureau.* Einen Kaffee und auf Wunsch auch dänische Küche – im Sommer auch draußen – bekommen Sie in der *Byfogeden Caféteria, Lollands Centret 26.* Ein Mittelklassehotel nicht weit vom Zentrum mit Restaurant, Pool, Sauna: *Maribo Søpark, 110 Zi., Vestergade 29, Tel. 54 78 10 11, Fax 54 78 05 22, www.maribo-soepark.dk,* €€

Nakskov **[130 B4]**

Jahrzehntelang bestimmte die Werft die Stadt (16 000 Ew.) und ihre Wirtschaft. Doch die alte Großindustrie ist längst verschwunden, neue Technologien und Hallen bestimmen das Bild: Am Hafen sind jetzt neben dem größten dänischen Windmühlenbauer Vestas viele kleinere Unternehmen entstanden. Hauptattraktion für Touristen ist das russische U-Boot »U-359«, *Skibsværftsvej 8, tgl. Feb.–Juni und Sept.–Nov. 10–16, Juli/Aug. 10–18 Uhr, www.u359.com, Eintritt 40 Kronen.* Zweiter wichtiger Standortfaktor war über Jahrzehnte die große Zuckerfabrik, heute nur noch ein Schatten ihrer selbst. Dafür kann man jetzt in *Danmarks Sukkermuseum, Løjtoftevej 22, Mai bis Dez. Di–So 13–16, Jan.–April So 13–16 Uhr, Eintritt 20 Kronen,* alles rund um Geschichte, Zulieferer und Verarbeitung der heimischen Rüben erfahren.

Rødbyhavn [130 C5]
Sie fahren wie ein Uhrwerk: Von Rødbyhavn legen halbstündlich die Fähren der dänisch-deutschen Reederei Scandlines ab. Immer um Viertel vor und Viertel nach – und zwar sowohl auf dänischer wie drüben in Puttgarden auf deutscher Seite. Die Überfahrt dauert 45 Minuten *(Tel. 33 15 15 15 oder unter www.scandlines.de).*

Das verschlafene Rødbyhavn wartet darüber hinaus nur mit einer, dafür aber einer echten Anziehungskraft auf – dem *Lalandia-Ferienzentrum.* Im größten tropischen Badeland Nordeuropas ist nicht nur im Wasser unter Palmen ganzjährig was los. Auch Tennis, Golf oder Badminton kann man hier spielen. Es gibt 600 Ferienhäuser für drei bis acht Personen. *Rødbyhavn, Tel. 7015 16 28, www.lalandia.dk, Eintritt Badeland ab 110 Kronen*

Sakskøbing [130 C5]
So unscheinbar der Ort (5000 Ew.) am gleichnamigen Fjord, so schön ist die rund 5 km außerhalb gelegene Unterkunft *Oreby Mølle:* Die einstige Mühle des Gutshofs Orebygaard dient heute als sonntägliches Café und vor allem als exquisite Bed-&-Breakfast-Unterkunft in historisch eingerichteten Räumen mit herrlichem Ausblick auf die Ostsee. *Orebygaard 4, Tel. 54 70 70 88, Fax 54 70 70 33, www.oreby-molle.dk,* **€€**

MUSEEN

Aalholm Automobilmuseum [131 D5]
Mit etwa 200 Oldtimern von 1886 bis heute eines der größten Automobilmuseen Europas. Das Wasserschloss Aalholm etwa 25 km südwestlich von Maribo ist eine der ältesten Burgen Dänemarks. *Aalholm Parkvej 17, Nysted, Mitte Mai–Aug. tgl. 10–17, Sept.–Mitte Okt. Sa/So 10–16 Uhr, www.aalholm.dk, Eintritt 70 Kronen*

Lolland-Falsters Stiftsmuseum und Storstrøms Kunstmuseum [130 C5]
In Lolland-Falsters Stiftsmuseum erfahren Sie viel zu lokaler Geschichte und Kunst – und zur europäischen Vereinigung früherer Tage. Denn im 19. Jh. kamen zahlreiche polnische Landarbeiter auf Jobsuche auch nach Lolland. Das Kunstmuseum von Maribo sammelt sehenswerte dänische Malerei und Skulpturen vom 18. Jh. bis heute. *Banegårdspladsen, Di–So 12–16 Uhr, www.storstroems-kunstmuseum.dk, Eintritt 30 Kronen*

FREIZEIT & SPORT

Im wunderschön am gleichnamigen See gelegenen *Golfklubben Maribo Sø* sind auch Gastspieler gern gesehen: Greenfee für die 18-Loch-Bahn *Mo–Fr 200 Kronen, Sa/So 250 Kronen. Refshale Byvej 22, Maribo, Tel. 54 78 26 55, www.maribogolf.dk*

AUSKUNFT

Maribo Turistbureau
Det Gamle Rådhus, Torvet, Tel. 54 78 04 96, Fax 54 78 01 96, www.turistlolland.dk

Nakskov Turistbureau
Axeltorv 3, Tel. 54 92 21 72, Fax 54 92 35 97, www.visiteastdenmark.dk

Zwischen den Inseln herrscht reger Fährverkehr

ZIELE IN DER UMGEBUNG

Femø und Fejø [130 C4]
Die beiden kleinen Inseln Fejø und Femø liegen im so genannten Smålandsfahrwasser zwischen Lolland und Seeland, nur 15 bzw. 50 Min. per Fähre ab Kragenæs. Fejø ist bekannt für seine vielen Obstgärten, Femø in erster Linie für das Festival Femø Jazz. *Fährinformationen zu beiden Inseln Tel. 88 13 08 49, www.ravnsborg.dk*

MØN

[131 E–F4] Die Insel mit den berühmten Kreidefelsen Møns Klint. Die östlichste Insel Dänemarks – abgesehen von Bornholm – ist ideales Radwanderterrain abseits der großen Verkehrsströme. Bronzezeitliche Grabhügel wie das Dolmengrab Kong Asgers Høj und Kirchen mit mittelalterlichen Fresken zeugen vom kunstgeschichtlichen Reiz der Insel.

SEHENSWERTES

Elmelunde Kirche [131 E4] Insider Tipp
Die älteste Møner Kirche, rund 12 km östlich von Stege, wurde vermutlich vor 1100 erbaut. Unter den über 600 dänischen Kirchen mit Kalkmalereien haben die drei Møner Gotteshäuser von Elmelunde, Keldby und Fanefjord eine Sonderstellung. Die Fresken in Fanefjord und Elmelunde stammen wahrscheinlich alle vom so genannten Elmelunde-Meister, der sie um 1480 ausführte. Zu sehen ist Biblisches: Schöpfungsgeschichte, Sündenfalls und das Jüngste Gericht. Ungewöhnlich: Adam steuert einen mittelalterlichen Radpflug.

Liselund Slot [131 F4]
Schloss Liselund und sein Schlosspark gehören ohne Frage zu den ro-

Leider nicht zu besichtigen: das romantische Schloss Liselund

mantischsten Fleckchen Skandinaviens. Kammerherr Antoine de la Calmette ließ das reetgedeckte Lustschloss samt Nebengebäuden 1792 für seine Frau errichten. Geöffnet ist nur der Park. Stilvoll übernachten können Sie in der nahen *Villa Liselund* von 1887, *15 Zi., 2 Suiten, Langebjergvej 6, Borre, Tel. 55 81 20 81, Fax 55 82 21 91, www.liselundslot.dk,* €€.

Møns Klint **[131 F4]**

★ Die weltberühmte Attraktion liegt an der Ostküste der Insel, gut 20 km von Stege entfernt. Anders als auf Rügen geht es hier auch am höchsten Punkt selten überlaufen zu: Vom 128 m hohen Felsen *Dronningestolen,* dem »Stuhl der Königin«, sind bei guter Sicht Südschweden und Rügen zu erkennen. Møns Klint ist eine Zeitreise durch 75 Mio. Jahre Erdgeschichte: Forschende Strandsucher stoßen immer wieder auf versteinerte Seeigel, Ammoniten und andere Zeitzeugen. Strahlend schön leuchten die weißen Felsen vom Wasser aus: Zweistündige *Schiffstouren* gehen mit der 1963 gebauten »M.S. Discovery« ab *Klintholm Havn, Tel. 21 40 41 81, www.sejlkutteren-discovery.dk, Kosten 115 Kronen pro Person.*

Stege **[131 E4]**

Stege (4000 Ew.) galt im Mittelalter zwischen 1430 und 1530 als Zentrum des Heringshandels. Der Stadtrundgang »Den Heringen nach ...« durchs alte Stege kann man entweder mit dem gleichnamigen Booklet allein oder mit Führung unternehmen (Auskunft beim Turistbureau). Dabei geht es an Historischem wie den wenigen Resten der alten Festung Stegeborg und dem Stadttor Mølleporten (13. Jh.) oder der Schiffswerft vorbei. Die alte Wallanlage von 1400 schließt das mittelalterliche Stege nach Westen ab. Im alten Kaufmannshof *Empiregården* zeigt das kulturgeschichtliche Heimatmuseum *Møns Museum* viele Erinnerungsstücke ans alte Møn und die Nachbarinseln wie Volkskunst und Trachten. *Storegade 75, Di–So 10–16 Uhr, www.aabne-samlinger.dk/moens/empire.htm, Eintritt 30 Kronen*

Das gibt es nur in Stege: Wählen Sie ihr Steak oder Schnitzel bei Schlachter Stig und verzehren Sie es frisch gegart zwischen und auf antiquarischen Möbeln – selbst Stühle und Tische kann man kaufen. *Støberiet, Storegade 59, Tel. 55 81 42 67, €*

Die etwas andere Unterkunft: Im *Høkerhuset* haben die Gastgeber Anke und Frederik nicht nur persönliche Zimmer, sondern auch ein kleines Restaurant mit leckerer Vollwertküche eingerichtet. Wer möchte, kann hier auch Yogakurse machen. *Kullegårdsvej 28, Råbylille, Tel./Fax 55 81 31 36, www.hoekerhuset.dk, €*

SPORT

Nur 7 km östlich von Stege liegt der schöne 18-Loch-Golfplatz von *Præstekilde Golf & Kro Hotel. Klintevej 116, Keldby, Tel. 55 86 87 88, www.praestekilde.dk, Greenfee 250–330 Kronen*

Das Havnekontor am Hafen von Stege *(Tel. 55 81 55 25)*, gleich beim Møn Turistbureau, vermietet Fahrräder mit Gangschaltung ab etwa 70 Kronen pro Tag. Dazu gibt es detaillierte Fahrradkarten mit ausgearbeiteten Routenvorschlägen. Tipps und Infos zum Radurlaub finden Sie auch unter *www.ostseeinseln.dk.*

AUSKUNFT

Møn Turistbureau
Storegade 2, Stege, Tel. 55 86 04 10, Fax 55 81 48 46, www.visitmoen.com

ZIELE IN DER UMGEBUNG

Bogø und Farø [131 D–E4]
Über die kleinen Inseln Farø und Bogø gelangen Sie via Landstraße 287 von Møn aus auf das Festland. Ein interessanter Zwischenstopp für kulturhistorisch Interessierte auf einer der Inseln: Im Wald Østerskov auf Bogø, Østerskovvej, liegt gleich gegenüber dem Skovpavillon das große, gut erhaltene und leicht zugängliche Ganggrab *Hulehøj* mit einem etwa 5,5 m langen Gang. Die Grabkammer selbst misst 6,30 m.

Nyord [131 E3–4]
Über die Landzunge *Ulvshale* im Nordwesten von Møn – mit weiten Wäldern, feinem Sandstrand und einem großen Ferienhausgebiet – erreichen Sie die Insel Nyord mit dem gleichnamigen Dorf *Nyord by.* So muss Dänemark in der ersten Hälfte des 20. Jhs. ausgesehen haben: Auf Pflasterstraßen müssen Autos draußen bleiben. Die Gärten blühen bunt und verwunschen.

Schon museal und trotzdem (noch) in Funktion: Die Einrichtung im Kaufmannsladen von *Lilly Bodil Hansen* in der *Søndergade 28* ist seit Jahrzehnten unverändert. Was die alte Dame am meisten ärgert? Kunden, die nur gucken und staunen, aber nichts kaufen!

Das Land erwandern und erfahren

Die Touren sind in der Karte auf dem hinteren Umschlag und im Reiseatlas ab Seite 122 grün markiert

1 SÜDSEETRAUM UND KÖNIGSHAUS

Der Gendarmstien wurde im Jahr 1920 entlang der deutsch-dänischen Grenze, wie sie nach dem Volksentscheid festgelegt wurde, geschaffen. Die Gendarmen, die bis 1958 auf Grenzpatrouille gingen, waren eigentlich Zöllner, die Schmuggel und illegale Grenzübertritte verhindern sollten. Der Gendarmstien führt an der Nordseite der Flensburger Förde entlang, herrliche Aussichten sind garantiert. Die Wege, die von Padborg bis nach Høruphav kurz hinter Sønderborg führen, sind mit blauen Schildern mit der Aufschrift »Gendarmstien« markiert. Für die etwa 70 km sollte man drei bis vier Tage veranschlagen, wenn die Tour zu Fuß bewältigt werden soll. Es lohnt sich aber auch, nur Teilabschnitte abzuwandern, so zum Beispiel zwischen Kupfermühle (am nördlichen Stadtrand von Flensburg) und Kollund oder zwischen Sønderhav und Egernsund. Die Tour lässt sich auch mit dem Fahrrad abfahren, auf einzelnen Teilstrecken muss allerdings geschoben werden.

Die kleine Meerjungfrau – wer kennt sie nicht?

Los geht es am Toldergården von *Padborg*, dem Zollhof, südlich des Padborger Bahnhofs. Die ersten 7 km führt der Weg an der deutsch-dänischen Grenze entlang, die mit Grenzsteinen markiert ist, bis Sie die Kollund Å erreichen, ein Flüsschen am Wald von *Kollund (S. 57)*. Weiter geht es am ehemaligen Mühlensee von *Kruså* vorbei, dann kommt auch schon der Ort Kupfermühle in Sicht, eine historische Arbeitersiedlung, die zu Flensburg gehört. Die Flensburger Förde ist erreicht, der erste Höhepunkt folgt. Durch jahrhundertealte Buchen schlängelt sich der Gendarmstien nach Kollund, immer hoch über der Förde. Von Kollund aus kann man Schiffsausflüge über die Förde machen.

Zeit für eine erste Pause? Die Küche des Hotels *Fakkelgaarden, Fjordvejen 44, Tel. 73 67 83 00, Fax 73 67 83 63, www.fakkelgaarden.dk, €€€*, hinter der Stadtgrenze von Kollund, gehört zu den besten Dänemarks. Auch der Kaffee, frisch gemahlen, lohnt immer einen Aufenthalt.

Keine Wanderung nach *Sønderhav,* dem nächsten Ort, ohne ein Hotdog beim (Insider Tipp) berühmtesten *Hotdogstand* Süddänemarks, *Annies Kiosk, Fjordvej, gegenüber dem Fähranleger,* zu probieren. Flensburger nennen Sønderhav auch Hotdoghav. Gleich gegenüber liegen die (Insider Tipp) *Ochseninseln.* Auf der größeren der beiden Inseln mit ihrer 15 m hohen Steilküste darf gezeltet werden.

Von Sønderhav führt der Weg einige Kilometer am Wasser entlang bis nach *Rinkenæs (S. 57).* Kurz bevor Rinkenæs erreicht wird, geht es am *Café Providence, Stranderød 9, Tel. 74 65 24 62,* vorbei, das mit bestechender Aussicht über dem Fjord liegt. Wer noch nie dänische Sahnetorten gegessen hat, das aber schon immer einmal tun wollte, der wird hier sein Sahnetortenglück finden. Südlich von Sandager liegt der kleine *Helligsø,* ein Vogelparadies, nördlich des Orts steht ein Leuchtturm, von dem man einen perfekten Überblick über Land und Leute hat. Rund um *Egernsund,* das kurz darauf erreicht wird, arbeiteten um 1900 eine Reihe von Ziegelfabriken. Überreste sind noch zu sehen. Einen Abstecher lohnt der kleine Hafen von Egernsund, der sich südlich der Hochbrücke hinter einer Kurve versteckt. Hier arbeiten eine Hand voll kleiner Werften, man sieht aufgebockte Kutter und Segler, die meisten aus Holz: Es ist beinahe wie in alten Zeiten. Vielleicht noch einen Abstecher nach *Rendbjerg,* wo sich der Besitzer des Ziegelwerks eine bunte Villa aus Schmucksteinen bauen ließ; dann kommt auch schon *Broager* in Sicht, dessen Kirche als einzige weit und breit zwei Türme hat. Sie sollen einer Prinzessin zu verdanken sein, die ihrem im Morgenland kämpfenden Ritter schon von weitem verkünden wollte, wie viele Kinder sie ihm geboren hatte. Von Broager schlängelt sich der Weg mal durchs Land, mal an der Küste entlang. Südöstlich von Broager, bei *Kragesand,* liegt ein schöner und geschützter Badestrand. Nach einigen Kilometern kommt linker Hand auf einer Anhöhe Dybbøl Mølle in Sicht, heute ein nationales Monument, das an die dänische Niederlage erinnert, die zum Verlust von Schleswig-Holstein führte. Der Weg hinter *Dybbøl (S. 56)* führt weiter am Wasser entlang, die Küste wölbt sich in regelmäßigen Abständen in den Fjord hinaus. Von Dybbøl Banke führt ein 4 km langer Feldweg immer an der Küste entlang nach Vemmingbund. Bei *Viemose* wartet ein primitiver Zeltplatz auf alle, die von frischer Luft nie genug bekommen können. Von hier aus sind es nur noch ein paar Kilometer bis nach *Sønderborg (S. 54)* und dann noch einmal 5 km bis *Høruphav,* wo es sich auf der Terrasse des Hotels *Baltic, Havbo 29, Tel. 74 41 52 00, Fax 74 41 53 33, www.hotel-baltic.dk,* **€€€**, mit Blick auf den Seglerhafen herrlich entspannen lässt.

2 RUND UM LYØ, DIE PERLE DER SÜDSEE

Die Insel Lyø liegt mitten in der dänischen Südsee. Sie ist eine der Perlen dieser Insellandschaft, idyllisch, romantisch, und dann auch wieder rau und abwei-

Einst heiß umkämpft: Dybbøl Banke

send. Die 12 km lange Wanderung um die Insel kann drei oder fünf Stunden dauern – je nachdem, wie die Witterung gerade ist. Es empfiehlt sich, Gummistiefel und einen Picknickkorb, bei schönem Wetter und Lust auf eine Pause am Strand auch Badezeug mitzunehmen.

Wenn die Fähre, die *Lyø (S. 77)* ein halbes Dutzend Mal täglich von *Faaborg (S. 61)* aus anfährt, wieder abgelegt hat und das Brummen der Dieselmotoren langsam abebbt, dann umfängt einen die beruhigende Stille einer Insel, die so abwechslungsreich ist wie kaum eine andere in der großen weiten Südsee. Vom Hafen, der nicht viel mehr ist als ein von Felssteinen geschützter Steg, führt der Weg in östliche Richtung. Feste Wege sind selten, der Weg nach Lyø By, dem Hauptort, ist dann allerdings doch geteert. Aber es ist ja gerade die ländliche Ursprünglichkeit, die den Reiz dieser Tour ausmacht. Der Feldweg zweigt gleich hinter dem Hafen linker Hand ab zu dem 1 km entfernten Lyø Sand, einer natürlichen Bucht, wie ein Haken gekrümmt. Seeenten, Schwäne und seltene Vogelarten brüten hier, 500 m weiter liegt in Strandnähe der Østersjø, ebenfalls ein Vogelparadies insbesondere für Enten und Schwäne. Der Strand von Østersjø eignet sich sehr gut zum Baden, die Strömung ist schwach, das Wasser warm, weil nicht tief. In den angrenzenden Wiesen, auf denen im Frühling die Feldblumen blühen, kann man ganz und gar ungestört in der Sonne schmoren oder picknicken. Gleich gegenüber ist die Insel *Avernakø (S. 76)* zu sehen. Wer besser und vor allem weiter sehen will, der muss den Bjerget besteigen, einen 17 m hohen Hügel. Von hier aus liegt die ganze Südsee in ihrer vollen Schönheit vor einem.

Von Østersjø aus geht es jetzt immer am Wasser entlang, über einen etwas unbequem steinigen Strand, begrenzt von steil aufragenden Dünen, die dem Ganzen etwas Dramatisches geben. Die südliche Küste ist etwas weniger dramatisch, die Dünen, bewachsen mit Gras, liegen jetzt 50 m vom Strand entfernt. Bei Vestersjø, auf der westlichen Seite der Insel, schützt eine 2 km lange Landbrücke das Revet, einen Binnensee, gegen das Meer.

Die Landschaft ist, geologisch gesehen, relativ jung. Das Land der Landbrücke wurde erst in den letzten Jahrhunderten von der Strömung von der Südküste Lyøs an die Westküste geschwemmt. Zwischen zwei Moränenhügeln erstreckt sich eine rotbraune, mit Flechten übersäte Landschaft, Reste eines uralten Moors. Nach 1 km ist Lyø Trille erreicht, das Ende einer schmalen Landzunge. Hier liegt ein großer, rechteckiger Stein, wie von einem Riesen auf der Flucht hingeworfen. Die Lyøer erzählen, unter dem Stein moderten die Überreste einer bedauernswerten Frau, die im 17. Jh. das Pech hatte, als Hexe verbrannt zu werden.

Von Lyø Trille ist es dann ein Spaziergang durch flaches Gelände zurück zum Hafen. Vom Hafen bis nach Lyø By mit seinem Kro, seinen reetgedeckten Häusern mit ihren bleiverglasten Fenstern und der schönen Kirche aus der Zeit der Reformation mit ihrem ganz und gar runden Friedhof ist es nur knapp 1 km.

Wer jetzt immer noch laufen kann, sollte die 1,5 km nicht scheuen, die den westlichen Dorfrand vom Klokkesten trennen, einem Langdolmengrab aus der jüngeren Steinzeit. Hier stehen Bänke, es darf gepicknickt werden, die Aussicht ist wunderbar. Und wer dem Stein einen glockenartigen Klang entlockt, der darf sich etwas wünschen – muss seinen Wunsch aber natürlich für sich behalten.

3 AUF DER STRASSE DER REICHEN

Die Küste nördlich des eigentlichen Stadtgebiets von Kopenhagen ist ein schönes und teures Land. Auf den 40 km bis nach Helsingør reiht sich Villa an Villa, Museum an Museum, Strand an Strand. Whiskygürtel haben die Kopenhagener diese traditionelle Wohngegend der Reichen genannt, ganz im Gegensatz zum Biergürtel, hinter dem die weniger Vermögenden ihr Dasein fristen müssen. Die dänischen Könige haben sich hier ihre Schlösser und Lusthäuser gebaut und ihr Jagdrevier angelegt. Heute ist der ehemalige königliche Tiergarten ein Vergnügungspark für das Volk. Nehmen Sie sich zwei bis vier Stunden Zeit für diese Tour.

Nördlich von *Kopenhagen* *(S. 81)* zieht sich am Strand des Øresunds der Strandvejen entlang. Im Sommer sonnen sich die Hauptstädter an den Stränden von Charlottenlund Strandpark und Bellevue Strandpark, sehr gepflegten Stränden, mit bester Aussicht hinüber zum großen Bruder Schweden. In *Charlottenlund* liegt *Danmarks Akvarium (Kavalergården 1, Sommer tgl. 10–18, sonst bis 16 oder 17 Uhr, Eintritt 75 Kronen, www.danmarksakvarium.dk)*, gleich gegenüber steht das erste der königlichen Schlösser in Richtung Norden, Charlottenlund Slot. Erbaut 1880, gehörte es bis 1926 der königlichen Familie. Kurz vor Klampenborg liegt mitten im ehemaligen Tiergar-

Der Danebrog, die älteste Flagge überhaupt, flattert vor Schloss Kronborg

ten, dem *Jægersborg Dyrehaven,* das *Eremitageslot,* ein Jagdschloss, 1736 erbaut und immer noch in königlichem Besitz. In Klampenborg lohnt das Restaurant *Jacobsen, Strandvejen 449, Tel. 39 63 43 22, Fax 39 63 43 20, www.restaurant jacobsen.dk, €€,* einen Zwischenstopp. Das Gebäude wurde wie viele andere hier vom Architekten und Funktionalisten Arne Jacobsen entworfen, das Meublement ebenso: ein Restaurant als Hommage an einen großen Designer.

Insider Tipp

Rungstedlund (S. 88), etwa 8 km nördlich, hat nicht nur einen lebendigen Seglerhafen vorzuweisen, hier, unmittelbar am nördlichen Ortseingang, steht auch das Haus der Schriftstellerin Karen Blixen, heute ein Museum. An der großen Kreuzung im Ortszentrum geht es links ab zum 2 km entfernten königlichen *Schloss von Hirschholm,* das Versailles des Nordens. Heute ist hier das interessante und sehenswerte dänische *Jagd- und Waldmuseum, Di–So 10–16, Sa 12–16 Uhr, Eintritt 40 Kronen, www.jagtskov.dk,* untergebracht. Das Schloss war Schauplatz einer großen Staatsaffären der dänischen Geschichte. Der königliche Leibarzt Johann Friedrich Graf von Struensee hatte eine Liaison mit Königin Caroline Mathilde. Die Verbindung wurde aufgedeckt, die Königin verbannt, der Arzt hingerichtet.

Nun geht es zurück zum Øresund und Richtung *Humlebæk* (10 km) mit dem wohl berühmtesten Museum Dänemarks: *Louisiana (S. 86).* Am Ende der Schlösser- und Museumstour steht wieder ein Schloss: *Kronborg (S. 86).* Hier lässt Shakespeare seinen Hamlet nach Sein oder Nichtsein fragen, hier ruht in den Katakomben der steinerne Holger Danske, bereit, sich zu erheben, sollte Dänemark je in Gefahr kommen. Er ruhe sanft bis in alle Ewigkeit.

Bewegung ist alles

Mal wieder richtig aktiv werden – voller Elan oder ganz gemütlich

Aktivurlaub mit Gelinggarantie – so könnte man die große Qualitätsoffensive nennen, die VisitDenmark im Sommer 2004 gestartet hat. Vier Qualitätslogos geben Dänemarkreisenden nun die Sicherheit, bei der Wahl ihres Aktivurlaubs richtig zu liegen. Denn nur jene Unterkünfte oder Reiseangebote rund um die Themen Radfahren, Angeln, Golf oder Wellness, die höchste Anforderungen und Auswahlkriterien erfüllen, werden mit dem begehrten Markenzeichen ausgezeichnet. Die Dänen selbst sind aktiv und sportbegeistert – und deshalb ist die Qualität so hoch. VisitDenmark verschickt Broschüren zu verschiedenen Themen, zum Beispiel Angeln, Golf, Radurlaub, in denen sich alle wesentlichen Informationen finden.

ANGELN

Es gibt nur wenige Einschränkungen für Sportfischer im Anglerparadies Dänemark: Eigentlich ist Angeln überall erlaubt. Zwei generelle Vorschriften müssen allerdings beachtet werden. Das Angeln im engsten Hafenbereich ist nicht gestattet, beim Angeln in der Nähe privater Grundstücke muss ein Abstand von 50 m eingehalten werden. Ansonsten brauchen alle Angler zwischen 18 und 67 Jahren einen Angelschein, der bei jeder Touristeninformation zu haben ist und für ein Jahr 125 Kronen kostet. In den letzten Jahren wurden verstärkt Put-and-Take-Seen angelegt, selbst da, wo, wie zum Beispiel in Hvide Sande an der Westküste Jütlands, im Grunde jeder Petrijünger ganz natürlich auf seine Kosten kommen müsste. Offenbar ein Tribut an die Bequemlichkeit. Sehr gute Fanggründe liegen südlich von Møn und östlich von Bornholm. Weiter Informationen liefert *Danmarks Sportsfiskerforbund, Tel. 75 82 06 99, Fax 75 82 02 09.*

Windsurfer finden an vielen Stränden sehr gute Bedingungen für die Ausübung ihres Sports

GOLF

Der Schlägersport boomt im Königreich. Es gibt über 140 Golfplätze, die meisten liegen in landschaftlich exponierter Lage, soll heißen: wunderschön. Zum Beispiel der Golfplatz von Samsø. Insider Tipp Aktuelle Informationen über alle dänischen Golfplätze liefert *www.golfdk.dk* (deutsch).

Dänemark bietet für Golfer fast paradiesische Bedingungen

Hier können Sie nach Regionen oder Clubs suchen. Allgemeine Informationen zum Thema erhalten Sie bei *Danmarks Golf Union, Tel. 43 26 27 00, Fax 43 26 27 01, www.dgu.org*

HISTORISCHE EISENBAHNEN

Etwa ein Dutzend ausgediente Eisenbahnen rollen im Sommer durch die dänische Landschaft. Meistens sind es nur noch ein paar Kilometer, die den Dampfrössern und anderen Fahrzeugen geblieben sind, aber eine Fahrt mit ihnen ist vielleicht gerade deshalb ein besonderes Erlebnis. Die Eisenbahnen befinden sich in aller Regel in einem ausgezeichneten Zustand und fahren durch Gegenden, die etwas abseits liegen. So kann man auf diesem Weg etwas von Dänemark sehen, was einem sonst garantiert entgangen wäre. Informationen über Fahrpläne und Aktivitäten der dänischen Freunde historischer Eisenbahnen in deutscher Sprache sind unter *www.veterantog.dk/de/* zu finden.

RADFAHREN

Das Land der Radler: Wenn Dänemark einen Titel verdiente, dann sicher diesen. Beim Ausbau des Radwegenetzes werden weder Mühe noch Kosten gescheut, keine neue Straße wird gebaut, ohne dass gleichzeitig ein Radweg angelegt wird. Der Zustand der über 10 000 km umfassenden Radwege ist hervorragend, neuerdings ist man sogar dazu übergegangen, die Radwege genauso wie Straßen mit einem Mittelstreifen zu versehen, wohl damit der kleine Verkehr sich nicht länger gegenüber dem großen Bruder verstecken muss. Im Unterschied zu Deutschland ist direktes Linksabbiegen verboten: Die Kreuzung ist in Fahrtrichtung zu überqueren, dann wird angehalten, anschließend die Fahrbahn überfahren – so will es die Vorschrift.

Der so genannte Nordseeradwanderweg führt ebenso durch das Land wie der Ostseeradwanderweg. Auch die Strecke Kopenhagen–Berlin kann man auf einer ausgearbeiteten Route in 15 Etappen abfahren *(www.bike-berlin-copenhagen.com)*. Radwanderkarten gibt es im Buchhandel oder beim *Dansk Cyklist Forbund, Rømersgade 5, Kopenhagen, Tel. 33 32 31 21, Fax 33 32 76 83, www.dcf.dk.*

Segeln

Es könnte sein, dass es mehr Häfen in Dänemark gibt als Hotdogbuden. Segeln ist Volkssport, ob auf der Nordsee oder auf den Seen rund um Silkeborg. Die Liegegebühren sind moderat, auch die kleinsten Häfen verfügen über gepflegte sanitäre Einrichtungen, fast immer ist zumindest ein kleinerer Supermarkt in Hafennähe, in dem Proviant gefasst werden kann. Sehr schön – und sehr beliebt – sind die Gewässer der dänischen Südsee. In der Hochsaison kann es manchmal etwas eng werden, aber auch das tut der entspannten Atmosphäre in den Häfen keinen Abbruch. Alle notwendigen Informationen erhalten Sie bei der *Dansk Sejlunion, Idrættens Hus, DK-2605 Brøndby, Tel. 43 26 21 82, Fax 43 26 21 91, www.sejling.dk* (dänisch).

Tauchen

Der Unterwassersport greift auch in Skandinavien um sich. Und welches Land könnte dafür prädestinierter sein als Dänemark? Allein 5000 Schiffswracks rosten in den Gewässern vor sich hin: Abenteuer genug für Generationen von Freizeittauchern. Aber Vorsicht! Nicht ganz so erfahrene Abtaucher sollten sich vor jedem Tauchgang über die jeweiligen Strömungsverhältnisse informieren. Viele Gewässer sehen zwar auf den ersten Blick nicht so aus, aber sie können tückisch sein. Besonders in Küstennähe geht es unter Wasser oft recht turbulent zu. Die meisten dänischen Tauchclubs machen es möglich, dass Gäste mit auf Tauchtouren gehen können – immer noch die beste und sicherste Art des Untergehens, vor allem für Anfänger und Ortsunkundige. Auskünfte über die Aktivitäten von Tauchclubs stehen oft auf den Informationstafeln der Hafenmeistereien dänischer Häfen. Informationen erhalten Sie außerdem beim *Dansk Sportsdykker Forbund, Idrættens Hus, DK-2605 Brøndby, www.sportsdykning.dk* (dänisch).

Windsurfen

Die dänischen Küstengewässer eignen sich an vielen Stellen vorzüglich zum Windsurfen. Am rauesten geht es natürlich an der Westküste zu, wo auch die professionellen Windsurfer, zum Beispiel in der Jammerbucht, aufs Wasser gehen. Aber auch in den ruhigen Gewässern des Kleinen oder Großen Belts weht der Wind stark genug, dass geübt werden kann. Überall gilt: Es muss eine Schwimmweste getragen werden. Die Adressen von Surfschulen in ganz Dänemark sind unter *www.visitdenmark.com* zu finden.

Bauklötzer staunen und die Welt verstehen

Spaß haben und dabei auch noch etwas lernen – nichts leichter als das

Dänemark ist ein kinderfreundliches Land. Das gilt nicht nur für den privaten Umgang, sondern auch und gerade für das Angebot an Freizeitaktivitäten. Für Kinder ist Dänemark eine einzige große Spielwiese. Aber auch die Interessen der Eltern und Begleiter kommen dabei nicht zu kurz. In der Hochsaison im Juli und August etwa öffnen in zahlreichen Urlaubsregionen so genannte Treffpunkte für die ganze Familie: Von der Wattwanderung über die Bonbonherstellung bis zur Schatzsuche werden hier jede Menge Aktivitäten angeboten, die sogar schlechtes Wetter vergessen lassen. Mehr Informationen dazu unter *www.treffpunkt.dk*

JÜTLAND

Legoland **[128 C2]**
Die große Attraktion für Kinder und jung Gebliebene im Herzen von Jütland hat nichts von ihrer Anziehungskraft eingebüßt. Was im Jahr 1968 mit einer bescheidenen Freiluftanlage begann, ist inzwischen ein Millionenunternehmen geworden. Nicht nur die Legosteine genießen Weltruf, sondern auch Legoland. Zentrum der Anlage ist immer noch der Bereich, in dem viele Gebäude aus Dänemark und der ganzen Welt im Miniaturmaßstab stehen, nachgebaut aus Legosteinen. Aber es gibt auch ein Piratenland, ein Duploland oder ein Burgenland. Futuristische Attraktion ist Marsland, eine Art begehbare Weltraumlandschaft – damit ist Legoland für die Zukunft bestens gerüstet. Wer sich nicht für Legosteine interessiert, kann sich an den 400 historischen Puppen und 1400 mechanischen Spielzeugen erfreuen oder Titani's Palace mit seinen 18 Miniräumen bestaunen, in denen über 3000 Gegenstände untergebracht sind. *Billund, tgl. Ende März–Okt. 10–18, Ende Juli– Anf. Aug. 10–21 Uhr, Erwachsene 199 Kronen, Kinder 185 Kronen, www.legoland.dk*

Legoland ist nicht nur für Kinder attraktiv

Löwenpark Givskud **[129 D1]**
Mitten in Dänemark – oder nicht doch vielleicht mitten in den Savannen Afrikas? 15 km nordwest-

Insider Tipp lich von Vejle lebt der größte Löwenbestand Skandinaviens beinahe wie in freier Wildbahn. Elefanten, Dromedare und Affen vervollständigen die afrikanische Illusion. 2001 wurde eine Gorillafamilie nach Givskud umgesiedelt, die sich im Kopenhagener Zoo nicht recht einleben konnte. Jetzt hat sie ein eigenes Revier für sich. Wer nicht zu Fuß gehen will, kann mit einer Safaribahn, die alle 30 Minuten verkehrt, durch den Park fahren. *Løveparken Givskud, Give, tgl. Mitte April–Mitte Juni und Mitte Aug. bis Mitte Sept. 10–18, Mitte Juni–Mitte Aug. 10–20, Mitte Sept.–Okt. 10–17 Uhr, Erwachsene 110 Kronen, Kinder 55 Kronen, www.givskudzoo.dk*

Tivoliland Aalborg **[125 F2]**

Vergnügungen aller Art in Dänemarks drittältestem Freizeitpark: Achterbahnen, Bungeespringen, Geisterbahnen, Restaurants, Picknick. *Karolinelundsvej, Ende April bis Anf. Sept. tgl. 11/12–19/20 Uhr, Erwachsene 50 Kronen, Kinder 25 Kronen, www.tivoliland.dk*

SEELAND

Insider Tipp **Bakken** **[127 E5]**

Wo vor 200 Jahren der dänische König Rehe oder Wildschweine erlegte, drehen sich seit 150 Jahren Karusselle, stehen Buden, verwirren Zauberer die Sinne, erholt sich das Volk bei Bier und Wurst. Der Vergnügungspark nördlich von Kopenhagen ist nicht nur der älteste seiner Art und unerreichtes Vorbild für viele Nachahmer, Bakken ist auch die volkstümliche Variante des anspruchsvollen Tivoli, der eher für die vornehmen Bürger Kopenhagens gedacht war, die auf Anstand und Sitte sahen. *Klampenborg, Dyrhavevej 62, April–Aug. tgl. 12–24 Uhr, Eintritt frei, www.bakken.dk*

Bonbon-Land **[131 D3]**

Der definitive Erlebnispark für alle Kinder dieser Welt: Alles dreht sich in diesem wirklich riesigen Vergnügungszentrum um Bonbons. 125 000 m^2 ist das Gelände groß, 70 Attraktionen – Wasserrutschen, Karussells, Raftingbahnen, Kindertheater, Kinderzirkus und vieles mehr – wetteifern um die Aufmerksamkeit. *Holme-Olstrup, Gartnervej 2, 10 km östlich von Næstved, Mitte Mai–Mitte Juni und Mitte Aug. bis Anfang Sept. Mo–Fr 9.30–17, Sa/So 9.30–20, Mitte Juni–Mitte Aug. tgl. 9.30–20 Uhr, Eintritt 139–159 Kronen, www.bonbon-land.dk*

Experimentarium Hellerup **[127 E5]** Insider Tipp

Die Welt ist voller Rätsel – aber manches lässt sich doch erklären. Das Experimentarium nördlich von Kopenhagen ist mit seinen 300 Versuchsanordnungen eine praktische Schule des Lebens. Einmal mit dem ganzen Körper in einer Seifenblase verschwinden? Kein Problem. Endlich wissen, wie das Internet funktioniert? Na bitte. 300-mal die Welt erklärt bekommen – das kann Tage dauern. Wenn nicht das ganze Leben. *Hellerup, Tuborg Havnevej 7, Mo–Fr 9.30–17, Di bis 21, Sa/So 11–17 Uhr, Erwachsene 115 Kronen, Kinder 70 Kronen, www.experimentarium.dk*

Lejre Forsøgscenter **[127 D6]**

Einmal Eisenzeit und zurück – das Versuchszentrum in Lejre, 10 km

Kleine Pause mit großem Eis: Auch Erholung macht Spaß

südlich von Roskilde, machts möglich. Im Sommer leben hier Freiwillige mit ihren Familien und nehmen die Besucher mit auf die Reise in die Vergangenheit – wenn sie dazu wirklich bereit sind.

Im Lejre-Versuchscenter werden die doch eher primitiven Lebensweisen der Menschen der Eisenzeit simuliert – und das will gewollt sein. Holz hacken, Korn mahlen, Feuer machen, sein eigenes Geschirr brennen, mit Pfeil und Bogen auf die Pirsch gehen oder mit einem Einbaum über den großen See paddeln – all das ist hier möglich, und Mitmachen ist auf jeden Fall erwünscht. Es kann sogar in einfachen Hütten übernachtet werden – das ist ein Vergnügen der besonderen Art, immer in Tuchfühlung mit den Nachbarn. *Slangealléen 2, Mai–Mitte Sept. Di–So 10–16/17 Uhr, Erwachsene 75/95 Kronen, Kinder 35/55 Kronen, www.lejre-center.dk*

Middelaldercentret **[131 D5]**
Das Mittelalter, wie es leibt und lebt, und vor allem: wie wir, die nicht dabei waren, es uns immer vorgestellt haben. Wild, bunt, aufregend und unverblümt. Eine Stadt mit Buden, Wohnhäusern und Werkstätten wurde aus dem Boden gestampft und ein Hafen angelegt, von dem aus historische Segler zwar nicht in die weite Welt hinaus segeln, aber doch immerhin so tun als ob. Jeden Tag werden die martialischsten Kriegsmaschinen abgefeuert, wilde Ritter stürmen durch die Stadt und kämpfen Turniere aus, Marketenderinnen versuchen, ihre Waren loszuschlagen, auf dem mittelalterlichen Markt gibt es alles zu kaufen, was schon damals niemand wirklich brauchte. *Nykøbing/Falster, Sundby/Lolland, Ved Hamborgskoven 2–4, Mai–Sept. tgl. 10–16 Uhr, Erwachsene 80 Kronen, Kinder 40 Kronen, www.middelaldercentret.dk*

Angesagt!

Was Sie wissen sollten über Trends, die Szene und Kuriositäten in Dänemark

Design

Funktional und schön – die Dänen legen zunehmend Wert auf klassisch-edle Dinge. *Bo bedre,* schöner wohnen, tut man richtig nur mit Besteck von Design-Ikone Arne Jacobsen oder mit einem Mülleimer des In-Herstellers Vipp. Beides (natürlich) dänisch. Gerade die Jüngeren tragen ihren Teil dazu bei, dass kaum eine Nation in Europa mehr Geld für Wohnen und Wohndesign ausgibt als die Dänen. Und der Schönheitstrend geht im eigenen Sommerhaus am Meer weiter: Gleich mehrere Spezialmagazine geben seit neuestem Tipps fürs Freizeitojekt Nummer eins.

Vergnügungsparks

Sie sind wie die berühmten Pilze aus dem Boden geschossen, genauer gesagt, in die Landschaft gesetzt worden: Vergnügungsparks sind zur Leidenschaft für viele Dänen geworden. Das mag daran liegen, dass man nur einmal Eintritt zahlen muss und danach alle Vergnügungen gewissermaßen gratis sind: eine harmlose Form des Selbstbetrugs.

Picknick

Rast der Urlauber aus Deutschland seinem Feriendomizil zu, sieht er im Vorüberfliegen immer wieder Menschen auf Rastplätzen an Bänken sitzen. Der rasende Urlauber staunt: Was machen diese Menschen da? Ganz einfach – sie picknicken. Picknick ist für Dänen mehr als bloße Nahrungsaufnahme. Picknick ist erfüllte Freizeit. Warum gerade Rastpätze an Straßen so beliebt sind, das ist das große Rätsel.

Deutsch & Co

Es klingt wie ein Scherz, aber es ist tatsächlich so: Junge Dänen finden Deutsch kultig – und (einige) Ältere auch. Während die einen auf deutsche Schlager und Freddy Breck stehen, setzen die anderen auf Berliner Großstadtfeeling und Szenegefühl. Angesagte Bars oder Läden in Kopenhagen tragen Namen wie zum Beispiel »Straßen«, »Märkbar« oder »Riesen«, Läden und Boutiquen heißen »Hübsch« oder »Gefährlich«.

Von Anreise bis Zoll

Hier finden Sie kurz gefasst die wichtigsten Adressen und Informationen für Ihre Dänemarkreise

ANREISE

Auto
Dänemark ist Autoland – und so kommen denn auch die meisten Besucher über die A 7. Für die ostdänischen Inseln empfiehlt sich die Anreise über Puttgarden. Der Belt wird per Fähre überquert, die einfache Fahrt mit dem PKW kostet 51 Euro. Es gibt keine Passkontrollen mehr an der Grenze. Kontrolliert wird aber stichprobenartig auf den Autobahnen und Landstraßen, je nach Erkenntnislage der staatlichen Stellen.

Bahn
Es fahren Regionalzüge und ECs bis nach Flensburg, dem letzten größeren Bahnhof vor der Grenze. Von hier geht es dann, zwar ohne Umsteigen, aber mit Zwischenhalt, weiter durch die Provinz nach Kopenhagen. Bequemer geht es über die Vogelfluglinie mit dem IC3 ab Hamburg in 4,5 Std. inkl. Fährfahrt. Die Hin- und Rückfahrt 2. Klasse von Hamburg nach Kopenhagen kostet 140 Euro.

Flugzeug
Mit dem Flugzeug geht es entweder nach Kastrup bei Kopenhagen oder nach Billund in Jütland. Außerdem werden ein Dutzend kleinerer Regionalflugplätze angeflogen. Lufthansa und SAS fliegen mehrmals täglich von neun deutschen Städten nach Kopenhagen, Hin- und Rückflug ab 150 Euro.

AUSKUNFT

Visit-Denmark
Postfach 701740, 22017 Hamburg, Tel. 01805/32 64 63 (12 Cent/Min.), Fax 040/65 03 19 30, www.visitdenmark.com

AUTO

Das mutwillige Überschreiten der zulässigen Höchstgeschwindigkeit kann wirklich nicht empfohlen werden: Es wird richtig teuer. Wer innerorts mit 65 km/h statt der erlaubten 50 km/h erwischt wird, muss mit einem Bußgeld von 80 Euro rechnen. Auf Landstraßen sind 80 km/h erlaubt, auf den meisten Autobahnen 130 km/h. PKW mit Anhänger dürfen mit höchstens 70 km/h fahren. Ein Muss ist das Fahren mit Abblendlicht, auch am Tag. Telefonieren mit dem Handy während der Fahrt ist verboten. Die Promillegrenze liegt bei 0,5. Wer mit mehr im Blut erwischt wird, ist nicht nur auf der Stelle seinen Führerschein los, es wird außerdem der Wagen konfisziert. Sicherheitsgurte müssen von allen Personen über drei Jahren angelegt werden. Wer das Bußgeld nicht zahlen kann oder will, muss damit rechnen, dass das Auto stillgelegt und einbehalten wird, bis das Bußgeld beglichen ist. Es kann auch mit Kreditkarten bezahlt werden. Achtung: Das eigene Auto darf nicht an Personen ausgeliehen werden, die ihren Wohnsitz in Dänemark haben. Es gibt einen deutschsprachigen Pannendienst, *Tel. 79 42 42 85.*

BANKEN & GELDWECHSEL

Öffnungszeiten der Banken und Sparkassen in der Regel *Mo–Fr 10–16, Do 10–18 Uhr.* Reiseschecks werden in Banken, Hotels, Restaurants und größeren Geschäften bis zu einem Betrag von 1500 Kronen pro Scheck akzeptiert. Das Ziehen von Bargeld an Geldautomaten kostet zwar eine Gebühr, bequemer und sicherer kommt man aber kaum an Geld. Das Umtauschen zu Hause kann man sich sparen – es kostet schließlich auch, und meistens mehr.

BRÜCKEN

Alle Brücken in Dänemark sind kostenlos befahrbar – bis auf die von Kopenhagen nach Schweden und die von Fünen nach Seeland. Eine Fahrt mit dem Auto über die Brücke kostet etwa 27 Euro. Über die Brücke von Fünen nach Seeland informiert *www.storebaelt.dk,* über die Øresundbrücke *www.oeresundsbron.com.*

CAMPING

Campen ist in Dänemark beinahe so etwas wie ein Volkssport. Eine Karte, auf der alle 510 Campingplätze des Landes verzeichnet sind, verschickt Visit-Denmark. Fast alle Plätze verfügen über Einrichtungen, die beinahe schon dem gehobenen Komfort zugerechnet werden müssen. Viele Plätze haben sich auf Familien spezialisiert und bieten ein entsprechendes Freizeitangebot. Wildes Kampieren ist untersagt *(www.daenischecampingplaetze.de)*.

DIPLOMATISCHE VERTRETUNGEN

Deutsche Botschaft [U D1]
Stockholmsgade 57, Kopenhagen, Tel. 35 45 99 00, Fax 35 45 71 05, www.kopenhagen.diplo.de

Österreichische Botschaft [U E1]
Sølundsvej 1, Kopenhagen, Tel. 39 29 41 41, Fax 39 29 20 86, kopenhagen-ob@bmaa.gv.at

Schweizer Botschaft [U E2]
Amaliegade 14, Kopenhagen, Tel. 33 14 17 96, Fax 33 33 75 51, www.eda.admin.ch/copenhagen

EINREISE

Vorgeschrieben ist entweder Personalausweis oder Reisepass, am Tag der Einreise mindestens noch drei Monate gültig.

FÄHREN

Nahezu alle bewohnten Inseln des Königreichs sind mit Fähren zu erreichen, auf den allermeisten können auch Autos befördert werden. Als Faustregel kann gelten: Eine einfache Fahrt mit einer Fähre, die eine Stunde zu ihrem Ziel unterwegs ist, kostet für einen PKW (vier Passagiere inklusive) etwa 26 Euro. Außerhalb der Hochsaison, die mit dem September endet, sinken die Preise teilweise um bis zu 50 Prozent. Über *www.scandlines.de* kann ein Großteil der Preise und Fahrtzeiten abgerufen werden.

Was kostet wie viel?

Hotdog	**2,80 Euro** für einen Hotdog mit Bratwurst
Eis	**2,70 Euro** für ein großes Softeis
Bier	**4 Euro** in der Kneipe
Kaffee	**2,10 Euro** für eine Tasse
Benzin	**1,17 Euro** für einen Liter Super
Imbiss	**ab 3 Euro** für ein smørrebrød

FERIENHÄUSER

Es gibt mehr als 200 000 Ferienhäuser in Dänemark, etwa 40 000 werden vermietet. Es ist alles im Angebot: Luxus, gehobene Mittelklasse mit Sauna, Kaminofen und Kühlschrank, Mittelklasse mit einfachem Komfort und das profane Ferienhaus, ausgestattet mit den alten Möbeln von Oma. Die größten Anbieter in Deutschland sind Novasol, Sonne und Strand, Dansommer, Dancenter und Feriepartner Danmark, ein Zusammenschluss von 20 regionalen Touristinformationen in Dänemark.

GESUNDHEIT

Sollte im Dänemarkurlaub eine plötzliche Krankheit, ein Unfall, eine Verschlimmerung eines chronischen Leidens oder eine (vorzeitige) Geburt eintreten, haben Touristen in Krankenhäusern Anspruch auf kostenlose Behandlung. Ein eventueller Rücktransport erfolgt auf eigene Kosten. Ansonsten gilt, dass die meisten Deutschen über ihre gesetzliche Krankenkasse ein Anrecht auf kostenlose ärztliche Behandlung und Rückerstattung von Arzt-, Zahnarzt- und Medikamentenkosten haben. Die derzeitig gültige »Bescheinigung als provisorischer Ersatz für die Europäische Krankenversicherungskarte« (ehemals E-111), die die Krankenkasse ausstellt, muss üblicherweise bei Behandlung oder Medikamenteneinkauf vorgezeigt werden. Wer nicht durch die Pflichtversicherung gesichert ist oder deren Abdeckung erweitern möchte, sollte eine zusätzliche Reiseversicherung abschließen.

INTERNET

Dänemark ist online – fast 80 Prozent der Haushalte haben Internetanschluss. Viel Interessantes zu Reise und Reisevorbereitung gibt es darum im Web. Bus- und Bahnverbindungen finden Sie unter *www.rejseplanen.dk,* auch auf Deutsch. Die dänische Bahn ist unter *www.dsb.dk* zu erreichen. Auch Königshaus *(www.kongehuset.dk),* Parlament *(www.folketinget.dk)* und das Dänische Meteorologische Institut *(www.dmi.dk)* sind online. Und wer mehr über dänische Esstraditionen, Rezepte und Lebensmittel erfahren will, ist bei *www.daenischessen.de* an der richtigen Adresse.

INTERNETCAFÉS

Gibt es in allen größeren Städten, der Preis liegt um 2 Euro/Std.

Kopenhagen: *Boomtown, Axeltorv 1, Tel. 33 32 10 32, www.boomtown.net;* Århus: *Net House, Nørre Allé, Tel. 87 30 00 96;* Odense: *The Last Frontier, Overgade 13, Tel. 65 91 20 10*

LITERATUR

Nordische Großstadtatmosphäre, Einblicke in die (Un-)Tiefen der dänischen Provinzmetropolen und ihrer Einwohner und ein anderes Bild vom Dänemark von heute fesseln die Leser von Jakob Ejersbos Roman »Nordkraft«. Der Aalborg-Roman war als Buch und Film nicht nur in seiner Heimat ein Bestseller. Ein perfektes Lese- und Mitmachbuch für Kinder ist »Ferien in Dänemark« von Corinna Kraus-Naujeck, in dem Anton und Jonathan das Königreich entdecken. Appetit auf mehr macht der aufwändige Bildband »Reise durch Dänemark« von Reinhard Ilg (Text) und Fina und Horst Herzig.

NOTRUF

Polizei, Feuerwehr, Notarzt: *Tel. 112*

ÖFFENTLICHE VERKEHRSMITTEL

Bahnen und Busse verbinden alle Städte und kleineren Ortschaften. Auf dem Land fahren die Busse nur etwa drei- bis viermal am Tag. Busfahren ist nicht teuer und kann sogar, wie zum Beispiel auf der

€	DKK
1	7,46
2	14,92
3	22,37
4	29,83
5	37,29
7	52,21
8	59,66
9	67,12
10	74,58

DKK	€
10	1,34
20	2,68
25	3,35
30	4,02
40	5,36
50	6,70
70	9,39
80	10,73
90	12,07

Route von Faaborg nach Svendborg auf Fünen, zu einem Erlebnis werden.

ÖFFNUNGSZEITEN

Das dänische Ladenschlussgesetz überlässt es dem einzelnen Inhaber, wann er öffnen möchte, deshalb können die Zeiten *(in der Regel Mo–Fr 9 oder 10–17.30 oder 18, Do oder Fr bis 19 oder 20, Sa bis 12 oder 16 Uhr)* variieren. Am ersten Sonntag im Monat sowie an allen Dezembersonntagen dürfen Geschäfte ebenfalls öffnen.

POST

Öffnungszeiten der Postämter: *Mo bis Fr 9 oder 10–17 oder 18, Sa 9 oder 10–12 oder 14 Uhr.* Auf dem Land verkaufen oft die örtlichen Supermärkte Briefmarken *(frimærker)*, Brief und Postkarte kosten jeweils 6,50 Kronen.

PREISE & WÄHRUNG

Das Preisniveau in Dänemark entspricht ungefähr dem in Deutschland. Selbst Spirituosen sind nur noch um etwa 20 Prozent teurer. Nahrungsmittel kosten kaum mehr als bei uns. Offizielles Zahlungsmittel ist die Dänische Krone, der Umrechnungskurs beträgt etwa 1:7,5.

STROM

230 Volt. Stecker passen in die Steckdosen, die etwas anders aussehen als die deutschen, aber sich technisch nicht unterscheiden.

TELEFON & HANDY

Münzapparate geben das Geld, das einmal eingeworfen wurde, nicht wieder heraus. Es besteht allerdings die Möglichkeit, dass der Angerufene die Kosten des Anrufs übernimmt. Die entsprechende Funktion heißt *Modtageren betaler.* Die Vorwahl nach Deutschland lautet 0049, nach Österreich 0043, in die Schweiz 0041. Aus allen drei Ländern nach Dänemark 0045. Die Verbindung mit dem Handy ist nirgends in Dänemark ein Problem, wenn der deutsche Anbieter mit dänischen Anbietern ein Roamingabkommen geschlossen hat. Die dänischen Netze sind perfekt ausgebaut und funktionieren sogar auf den Fähren mitten im Kattegat.

TRINKGELD

Ist in den Preisen bereits enthalten (als mitberechneter Aufschlag). Es ist deshalb allgemein nicht üblich, Trinkgeld zu geben. Wer es trotzdem tut, macht natürlich nichts verkehrt.

UNTERKUNFT

Im Hotelwesen hat in den letzten Jahren eine neue Bewegung eingesetzt, die auf Luxus und zweckmäßige Eleganz setzt. Ein Doppelzimmer in einem guten Hotel ist selten unter 110 Euro zu haben. An Wochenenden gelten oft niedrigere Sonderpreise: Rabatte von bis zu 25 Prozent sind drin *(www.danishhotels.dk)*. *Dansk Kroferie* bietet das ganze Jahr über mit einem speziellen Rabattsystem Nachlässe von bis zu 40 Prozent *(www.danskkroferie.dk)*. In den letzten Jahren ist auch die aufstrebende Bed-&-Breakfast-Bewegung immer bekannter geworden. Es gibt beinahe überall im Land ansprechende Angebote *(www.bedandbreakfast.dk)*.

Nobel und manchmal auch elegant wohnt es sich in vielen der knapp 60 Schlösser und Herrenhäuser, die Zimmer vermieten, Auskunft: *www.schloesser-herrensitze.dk*. Über Jugendherbergen informiert *www.danhostel.dk*.

WETTER

Im Sommer scheint die Sonne über Dänemark genauso häufig wie über Bayern. Die Temperaturen können bis zu 30 Grad erreichen. An der Westküste nimmt der dauernde Wind der Sonne ihre aggressive Note. Aber Vorsicht: Der Wind täuscht über die wahre Strahlkraft der Sonne.

ZOLL

Für Spirituosen, Wein, Bier und Tabak gilt für EU-Bürger: Die eingeführte Menge darf den persönlichen Bedarf nicht übersteigen (u. a. 10 l Spirituosen, 90 l Wein, 800 Zigaretten). Wesentlich engere Beschränkungen gelten für Reisende aus Nicht-EU-Ländern. Nähere Informationen unter *www.zoll-d.de*

Wetter in Kopenhagen

	Jan.	Feb.	März	April	Mai	Juni	Juli	Aug.	Sept.	Okt.	Nov.	Dez.
Tagestemperaturen in °C	2	2	5	10	16	20	22	21	18	12	7	4
Nachttemperaturen in °C	–2	–2	–1	3	8	11	14	14	11	7	3	1
Sonnenschein Std./Tag	1	2	4	6	8	9	8	7	6	3	1	1
Niederschlag Tage/Monat	11	9	7	9	7	9	10	10	10	10	10	11
Wassertemperaturen in °C	3	2	3	5	9	14	16	16	14	12	8	5

Taler du dansk?

»Sprichst du Dänisch?« Dieser Sprachführer hilft Ihnen, die wichtigsten Wörter und Sätze auf Dänisch zu sagen

Zur Erleichterung der Aussprache sind alle dänischen Wörter mit einer einfachen Aussprache (in eckigen Klammern) versehen.

AUF EINEN BLICK

Ja./Nein./Vielleicht.	Ja. [ja]/Nej. [nei]/Måske. [moskeh]
Bitte.	Vær så venlig. [wär so wännli] Vær så god. [wärs' goh]
Danke.	Tak. [tack]
Vielen Dank!	Mange tak. [mange tack]
Gern geschehen.	Det var så lidt. [deh war so litt]
Entschuldigung!	Undskyld! [unnsküll]
Wie bitte?	Hvad behager? [wa behar]
Ich verstehe Sie/dich nicht.	Jeg forstår Dem/dig ikke. [jei forstohr dämm igge]
Ich spreche nur wenig …	Jeg taler kun lidt … [jei täler kunn litt]
Können Sie mir bitte helfen?	Undskyld, kan De hjælpe mig? [unnsküll, kann die jälpe mei]
Ich möchte …	Jeg vil gerne … [jei will gärne]
Das gefällt mir (nicht).	Det kan jeg (ikke) lide. [deh kann jei (igge) lie]
Haben Sie …?	Har De …? [har die]
Wie viel kostet es?	Hvad koster det? [wa koster deh]
Wie viel Uhr ist es?	Hvad er klokken? [wa är kloggen]

KENNENLERNEN

Guten Tag!	Goddag! [goh däh]
Guten Morgen/Abend!	God morgen/aften! [goh morn/aften]
Hallo! Grüß dich!	Hallo!/Hej! Dav! [halloh/hei/dau]
Mein Name ist …	Mit navn er … [mit naun är]
Wie ist Ihr Name, bitte?	Undskyld, hvad er Deres navn? [unnsküll, wa är däres naun]
Wie geht es Ihnen?	Hvordan har De det? [wordann har die deh]
Danke. Und Ihnen/dir?	Godt, tak. Hvad med Dem/dig? [gott tack. Wa med dämm/dei]

Auf Wiedersehen!	Farvel! [fahrwäll]
Bis morgen!	Vi ses i morgen! [wi sehs i morn]

UNTERWEGS

Auskunft

links/rechts	venstre/højre [wänstre/heure]
geradeaus	lige ud [lie ud]
nah/weit	tæt/fjernt [tätt/fjärnt]
Bitte, wo ist …	Undskyld, hvor er … [unnsküll, wor är]
… der Bahnhof?	… banegården? [bähnegohren]
… die U-Bahn?	… S-toget? [äss-touet]
… der Flughafen?	… lufthavnen? [lufthaunen]
Wie weit ist das?	Hvor langt er der? [wor langt är der]

Panne

Ich habe eine Panne.	Jeg har en skade på bilen. [jei hahr en skähde po bielen]
Würden Sie mir bitte einen Abschleppwagen schicken?	Vil De være venlig at sende mig en kranvogn? [will die währe wännli att sänne mei en krahnwoun]
Wo ist hier in der Nähe eine Werkstatt?	Hvor er der et værksted? [wor är der et wärksted]

Tankstelle

Wo ist bitte die nächste Tankstelle?	Undskyld, hvor er den nærmeste tankstation? [unnsküll, wor är den närmeste tankstaschohn]
Ich möchte … Liter …	Jeg vil gerne have … liter … [jei will gärne häh … liter]
… Normalbenzin.	… oktan 93. [oktähn tre-ou-hallfämms]
… Super.	… oktan 95/98. [oktähn fem-ou-hallfämms/ohde-ou-hallfämms]
… Diesel.	… diesel. [diesel]
… bleifrei/verbleit.	… blyfri/blyholdig. [blühfrie/blühholldig]
… mit … Oktan.	… med … oktan. [med … oktähn]
Voll tanken, bitte.	Vær venlig at fylde helt op. [währ wännli att fülle hehlt opp]

Unfall

Hilfe!	Hjælp! [jälp]
Vorsicht!	Pas på [pas poh]
Rufen Sie bitte schnell …	Tilkald hurtigt … [tillkall hurdit]
… einen Krankenwagen.	… en ambulance. [en ambulangse]
… die Polizei.	… politiet. [politiet]
… die Feuerwehr.	… brandvæsenet. [brannwähsnet]

Es war meine/Ihre Schuld. — Det var min/Deres skyld. [de war mien/dähres sküll]

Geben Sie mir bitte Ihren Namen und Ihre Anschrift. — Vær venlig at give mig Deres navn og adresse. [währ wännli att gie mei dähres naun ou adrässe]

ESSEN/UNTERHALTUNG

Wo gibt es hier ein gutes Restaurant? — Hvor er der en god restaurant? [wor är der en goh resdaurang]

Gibt es hier eine gemütliche Kneipe? — Er der et hyggeligt værtshus? [är der et hüggelit wärtshus]

Reservieren Sie uns bitte für heute Abend einen Tisch für vier Personen. — Vil De være venlig at reservere et bord til i aften til fire personer. [will die währe wännli att reserwehre et bohr till i afften till fier persohner]

Auf Ihr Wohl! — Skål! [skohl]

Bezahlen, bitte. — Jeg vil gerne betale. [jei will gärne betähle]

Wo kann man hier tanzen gehen? — Hvor kan man gå hen at danse? [wor kann mann goh hänn att danse]

EINKAUFEN

Wo finde ich … — Hvor finder jeg … [wor finner jei]

- … eine Apotheke? — … et apotek? [et apotek]
- … eine Bäckerei? — … et bageri? [et bäjerie]
- … einen Supermarkt? — … et supermarket? [et supermarket]
- … ein Kaufhaus? — … et varehus? [et wahrehuhs]
- … ein Lebensmittelgeschäft? — … en købmand? [en köbmänn]
- … einen Markt? — … torvet? [torwet]

ÜBERNACHTUNG

Können Sie mir bitte … empfehlen? — Kunne De anbefale mig … [kunne die anbefähle mei]

- … ein gutes Hotel … — … et godt hotel? [et gott hotel]
- … eine Pension … — … en pension? [en pangschon]

Ich habe bei Ihnen ein Zimmer reserviert. — Jeg har reserveret et værelse her. [jei hahr reserwehret et währelse her]

Haben Sie noch Zimmer frei? — Har De ledige værelser? [hahr die ledige währelser]

- ein Einzelzimmer — et enkeltværelse [et enkeltwährelse]
- ein Doppelzimmer — et dobbeltværelse [et dobbeltwährelse]
- mit Dusche/Bad — med brusebad/bad [med bruhsebad/bad]
- für eine Nacht — for en nat [for en natt]
- für eine Woche — for en uge [for en uhe]

Was kostet das Zimmer mit …	Hvad koster værelset med … [wa koster währelset med]
… Frühstück?	… morgenmad? [mornmäd]
… Halbpension?	… halvpension? [hällpangschohn]

PRAKTISCHE INFORMATIONEN

Arzt

Können Sie mir einen guten Arzt empfehlen?	Kan De anbefale mig en god læge? [kann die anbefähle mei en goh lähje]
Ich habe hier Schmerzen.	Jeg har ondt her. [jei hahr onnt her]

Bank

Wo ist hier bitte …	Undskyld, hvor er der … ? [onnsküll, wor är der]
… eine Bank?	… en bank? [en bank]
… eine Wechselstube?	… et vekselkontor? [et wäkselkontohr]
Ich möchte … Euro (Schweizer Franken) in Kronen umwechseln.	Jeg vil gerne veksle euro (schweizer-francs) til kroner. [jei will gärne wäksle euro (schweizerfrancs) till kroner]

Post

Was kostet …	Hvad koster … [wa koster]
… ein Brief…	… et brev… [et brew]
… eine Postkarte…	… et postkort… [et postkort]
… nach Deutschland?	… til Tyskland? [till tüsklann]

ZAHLEN

0	nul [noll]	18	atten [atten]
1	en [ehn]	19	nitten [nitten]
2	to [toh]	20	tyve [tühwe]
3	tre [treh]	21	enogtyve [ehn-ou-tühwe]
4	fire [fier]	22	toogtyve [toh-ou-tühwe]
5	fem [fämm]	30	tredive [trähdwe]
6	seks [säks]	40	fyrre [föhr]
7	syv [süw]	50	halvtreds [hallträss]
8	otte [ohde]	60	tres [träss]
9	ni [nie]	70	halvfjerds [hallfjährs]
10	ti [tie]	80	firs [fiers]
11	elleve [älwe]	90	halvfems [hallfämms]
12	tolv [toll]	100	et hundrede [et hunnrede]
13	tretten [trätten]	200	to hundrede [toh hunnrede]
14	fjorten [fjohrten]	1000	et tusinde [et tuhsinn]
15	femten [fämmten]	10 000	ti tusinde [tie tuhsinn]
16	seksten [seisten]	1/2	en halv [en hall]
17	sytten [sütten]	1/4	en kvart [en kwart]

Reiseatlas Dänemark

Die Seiteneinteilung für den Reiseatlas finden Sie auf dem hinteren Umschlag dieses Reiseführers

A B C

Kartenlegende Reiseatlas

18 26	Autobahn mit Anschlussstellen Motorway with junctions
	Autobahn in Bau Motorway under construction
	Mautstelle Toll station
	Raststätte mit Übernachtung Roadside restaurant and hotel
	Raststätte Roadside restaurant
	Tankstelle Filling-station
	Autobahnähnliche Schnellstraße mit Anschlussstelle Dual carriage-way with motorway characteristics with junction
	Fernverkehrsstraße Trunk road
	Durchgangsstraße Thoroughfare
	Wichtige Hauptstraße Important main road
	Hauptstraße Main road
	Nebenstraße Secondary road
	Fernverkehrsbahn Main line railway
	Autozug-Terminal Car-loading terminal
	Bergbahn Mountain railway
	Kabinenschwebebahn Aerial cableway
	Sessellift Chair-lift
	Eisenbahnfähre Railway ferry
	Autofähre Car ferry
	Schifffahrtslinie Shipping route
	Landschaftlich besonders schöne Strecke Route with beautiful scenery
Alleenstr.	Touristenstraße Tourist route
XI-V	Wintersperre Closure in winter
	Straße für Kfz gesperrt Road closed to motor traffic
8%	Bedeutende Steigungen Important gradients
	Für Wohnwagen nicht empfehlenswert Not recommended for caravans
	Für Wohnwagen gesperrt Closed for caravans

Kósciol farny	Sehenswürdigkeit Object of interest
	Badestrand Bathing beach
	Besonders schöner Ausblick Important panoramic view
	Ausflüge & Touren Excursions & tours
	Nationalpark, Naturpark National park, nature park
	Sperrgebiet Prohibited area
	Kirche Church
	Moschee Mosque
	Kloster Monastery
	Schloss, Burg Palace, castle
	Ruinen Ruins
	Leuchtturm Lighthouse
	Turm Tower
	Höhle Cave
	Ausgrabungsstätte Archaeological excavation
	Feriendorf Tourist colony
	Motel Motel
	Jugendherberge Youth hostel
	Allein stehendes Hotel Isolated hotel
	Berghütte Refuge
	Campingplatz Camping site
	Flughafen Airport
	Flugplatz Airfield
	Staatsgrenze National boundary
	Verwaltungsgrenze Administrative boundary
	Grenzkontrollstelle Check-point
	Grenzkontrollstelle mit Beschränkung Check-point with restrictions
PARIS	Hauptstadt Capital
MARSEILLE	Verwaltungssitz Seat of the administration

A
B
C
1
2
3
4
5
6
10 km
Kristiansand
Larvik
Oslo, Moss
Tannis Bugt
Ålbæk Bugt
Jammerbugten
Aalborg Bugt
Skagen
Den tilsandede Kirke
Højen
Kandestederne
Hulsig
Råbjerg Mile
Ålbæk
Tannisby
Tversted
Gårdbogård
Hirtshals
Uggerby
Bindslev
Jerup
Tornby
Bjergby
Hjørring
Mosbjerg
Tolne
Sindal
Strandby
Skallerup Klit
Lønstrup
Mårup Kirke
Rubjerg Knude
Ålsted
Frederikshavn
Bangsbo
Gærum
Lendum
Ugilt
Nørre Lyngby
Sønder Rubjerg
Ilbro
Tårs
Understed
Børglum
Løkken
Børglum-kloster
Vrå
Vrejlevkloster
Østervrå
Hørby
Sæby
Sæbygård
Syvsten
Ingstrup
Vendsyssel
Tise Kirke
Jerslev
Dybvad
Fårup Sommerland
Vester Hjermitslev
Hellum
Lyngså
Blokhus
Saltum
Brønderslev
Allerup Bakker
Præstbro
Hune
Pandrup
Store
Klokkerholm
Voergård
Tranum Strand
Vildmose
Tylstrup
Agersted
Voerså
Aabybro
Biersted
Sulsted
Hammer Bakker
Hjallerup
Dronninglund
Asaa
Hjortdal
Tranum
Bratskov
Vestbjerg
Vodskov
Langholt
Gerå
Øster Svenstrup
Halvrimmen
Lindholm Høje
Vadum
Brovst
Gjøl
Nørresundby
Ulsted
Kokkedal
Egholm
Vester Hassing
Gandrup
Hou
Haverslev
Østerby
Gjøl Bredning
Troldkirken
Zoo
AALBORG
Aggersund
Nørholm
Nibe Bredning
Sønderholm
Frejlev
Storvorde
Langerak
Hals
Farstrup
Klarup
Gistrup
Sebbersund
Nibe
Vokslev
Limfjords-banen
Sejlflod
Skarp Salling
Lundby
Svenstrup
Gunderup
Mou
Bislev
Øster Hornum
Ellidshøj
Vårst
Nørre Kongerslev
Gundersted
Volsted
Blenstrup
Lille
Dokkedal
Nordjylland
Støvring
Vegger
Kongerslev
Hornum
Blære
Suldrup
Store Brøndum
Vildmose
Giver
Sønderup
Rebild
Skørping
Bælum
Havbro
Aars
Aarestrup
Rebild Bakker
Solbjerg
Rold Skov
Terndrup
Øster Hurup
Himmerland
Vognsild
Østrup
Rold
Arden
Astrup
Skelund
Kongens Tisted
Ravnkilde
Als
Østerbølle
Nørager
Hadsund
Vebbestrup
Rostrup
Vive
Aalestrup
Store Rørbæk
Døstrup
Gedsted
Simested
Hørby
Fjelsø
Hvam
Mariager Fjord
Ove
Overgard
Snæbum
Hobro
Assens
Havndal
Møldrup
Øls
Mariager
Kastbjerg
Sødring
Vester Tørslev
Veteran-jernbane
Råby
Udbyhøj Vasehuse
Fyrkat
Randers Fjord
Klejtrup
Kærby
Dalbyover
Bjerregrav
Glenstrup
Gassum
Skals
Viborg
Hald
Gjessinggård
Spentrup
Holbæk
Løvel
Vorning
Tvede
Mellerup
Vammen
Tjele
Sønderbæk
Råsted
Voer
Rødding
Ørum
Hammershøj
Harridslev
Støvring-gård
Ørsted
Fjellerup
Viborg
Vejrumbro
Tindbæk
Øster Bjerregrav
Randers
Allingåbro
Vivild
Stenvad
Alum
Vester Velling
Virring
Gammel Estrup
Vinkel
Assentoft
Auning
Kattegat
E39
E45
55
40
35
11
29
13
16
507
125
122

D
E
F
Kristiansand
Larvik, Oslo, Moss
Rörö
Björlanda
BACKA
Hälsö
Björkö
Hjuvik
Öckerö
Hönö
GÖTEBORG
ÄLVSBORG
Brännö
Asperö
158
Styrsö militära skyddsområde
Styrsö
Donsö
ASKIM
Askimsfjord
Billdal
Vrångö
Kullavik
Särö
Släp
SVERIGE
Heberg
Backa
Rydet
Nodre Rønner
Østerby Havn
Syrodde
Vesterø Havn
Østerby
Byrum
Læsø
Kringelrøn
Hornfiskrøn
Rende
Loppet
Varberg
t t e g a t
t t e g a t t
Anholt
Anholt
Gjerrild
Kastbjerg
Voldby
Hammelev
Grenaa
Fornæs
Kiel
1
2
3
4
5
6

126

A
B
C
1
2
3
4
5
6
10 km
Egersund, Torshaven, Seydisfjørdur
Jammerbugt
Vigsø Bugt
Lild Strand
Klim Strand
Hanstholm
Hanstholm Vildtreservat
Vigsø
Rær
Frøstrup
Vust
Klim
Fjerritslev
Klitmøller
Vester Vandet
Nors
Østerild
Øsløs
Gøttrup
Nørre Arup
Løgstør Bredning
Aggersborg
Løgstør
Hillerslev
Vandet Sø
Skinnerup
Nørre Vorupør
Vang
Thisted Kirke
Sennels
Thisted
Sjørring
Stenbjerg
Thisted Bredning
Hesselbjerg
Sejerslev
Snedsted
Livø
Ranum
Vilsund Vest
Sundby
Lyngby
Ovesø
Thy
Limfjorden
Koldby
Øster Jølby
Sønder Dråby
Livø Bredning
Trend
Skyum
Fur
Hassing
Tødsø
Nykøbing Mors
Nederby
Agger Tange
Agger
Dragstrup Vig
Tæbring
Mollerup
Bedsted
Visby
Mors
Strandby
Selde
Vestervig
Heltborg
Glyngøre
Hurup
Karby
Jesperhus-Blomster-park
Durup
Torum
Risgårde Bredning
Krik Vig
Øster Hvidbjerg
Salling Sund
Thyborøn
Gettrup
Boddum
Harre
Sønder Thise
Ydby
Øster Assels
Roslev
Breum
Hvalpsund
Harboør Tange
Lyngs
Nissum Bredning
Hvidbjerg
Kås Bredning
Rødding
Oddense
Jebjerg
Lovns Bredning
Vester Grønning
Jegind
Spøttrup
Salling
Harboøre
Thyholm
Uglev
Lihme
Sønder Balling
Hald
Virksund
Kås Hovedgård
Håsum
Hem
Krabbesholm
Ørslevkloster
Lemvig
Venø
Lem
Skive
Klinkby
Nissumby
Venø By
Venø Bugt
Rønbjerg
Ferring
Humlum
Højslev Stby
Kvols
Bovbjerg
Rom By
Bremdal
Ramme
Gudumkloster
Struer
Vinderup
Fly
Fjaltring
Ølby
Stoholm
Bovling klit
Bøvlingbjerg
Handbjerg
Sevel
Vridsted
Mønsted
Asp
Hjerm
Bækmarksbro
Herrup
Linde
Vejrum-stad
Måbjerg
Borbjerg
Nees
Torsminde
Møborg
Skave
Haderup
Resen
Nissum Fjord
Vemb
Bur
Stora
Holstebro
Grønhøj
Idom
Nørre Felding
Tvis
Nørre Vosborg
Hodsager
Frederiks
Råsted Kirke
Sønder Nissum
Grove Kirke
Karup
Ulfborg
Ringkøbing Hardsyssel
Over Simmelkær
Kølvrå
Vedersø Klit
Staby
Sørvad
Aulum
Vedersø
Vind
Ørre
Ilskov
Tim Kirkeby
Torsted
Kolby
Tim
Ørnhøj
Vildbjerg
Sinding
Sunds
Stadil Fjord
Timring
Herning
Ikast
Hee
Hover
Gjellerup
Sønderviq
Klosten
Sommerland West
Spjald
Havnstrup
Snejbjerg
Hammerum
Brejning
Barde
Isenvad
Ringkøbing
Ølstrup
Mørupstenen
Lind
Videbæk
Kølkær
Nørre Lyngvig
Velling
Nørre Vium
Kibæk
Lem
Arnborg
Fasterholt
Hvide Sande
Ringkøbing Fjord
Dejbjerg
Troldhede
128
124

D
E
F
122
1
2
3
4
5
6
125
129
Vendsyssel
Store Vildmose
Brønderslev
Nørresundby
AALBORG
Aalborg Bugt
Lille Vildmose
Himmerland
Hobro
Mariager Fjord
Randers Fjord
Randers
Viborg
Silkeborg
ÅRHUS
Århus Bugt
Skanderborg
Kalø Vig
Mols Bjerge
Fårup Sommerland
Blokhus
Tranum Strand
Lindholm Høje
Egholm
Troldkirken
Zoo
Limfjordsbanen
Nibe Bredning
Gjøl Bredning
Aggersund
Rebild Bakker
Rold Skov
Støvring
Aars
Hadsund
Mariager
Veteranjernbane
Fyrkat
Gjessinggård
Tjele
Gudenå
Tange Sø
Frijsenborg
Clausholm
Rosenholm
Kalø
Kalø Slot
Gamle Estrup
Gammel Estrup
Voergård
Sæbygård
Sæby
Dronninglund
Asaa
Hals
Voerså
Øm Kloster
Mossø
Himmelbjerget
Gamle By
Dom
Moesgård
Helgenæs
Klaipėda
Kalundborg
Yderby
E45
55
11
29
13
16
15
21
26
46
52
507

A
123
B
C
10 km
1
2
3
4
5
6
Anholt
Bennerup Strand
Mejlgård
Gjerrild
Fjellerup
Vivild
Stenvad
Glesborg
Voldby
Ørum
Kastbjerg
Hammelev
Fornæs
Nimtofte
Djursland
Grenaa
Ryomgård
Thorsager
Kolind
Ålsø
Kalø
Trustrup
Tirstrup
Balle
Rønde
Rugård
Kalø Slot
Feldballe
Agri
Vrinners
Mols Bjerge
Tved
Knebel
Ebeltoft
Elsegårde
Sjællands Rev N
Fejrup
Hjelm
Helgenæs
Århus
Gniben
Hesselø Bugt
Ballebjerg
Tunø
Nordby
Havnebyen
Sjællands Odde
Overby
Klint
Langør
Højby
Hov
Toftebjerg
Sejerø
Sejerby
Mastrup
Sælvig
Nørre Asmindrup
Vig
Samsø
Tranebjerg
Ordrup
Asnæs
Marguerit-rute
Kolby Kås
Ballen
Bugt
Samsø Bælt
Færevejle
Nekselø
Dragsholm
Kisserup
Lille Vrøj
Havnsø
Hørve
Ulstrup
Alleshave
Svinninge
Gislinge
Saltbæk
Saltbæk Vig
Kaldred
Tuse-K.
Tuse
Kalundborg
Tømmerup
Bregninge
Jyderup
Mørkøv
Regstrup
Havnemark
Rørby
Torbenfeld
Lerchenborg
Svebølle
Ubby
Bastrup
Vestsjælland
Jammerland
Nordskov
Svallerup
Undløse
Amose Å
Tissø
Ugerløse
Martofte
Bugt
Vedbygård
Hindsholm
Gørlev
Sæby
Reersø
Ruds Vedby
Dianalund
Stenlille
Romsø
Munke Bjergby
Gyrstinge Sø
Odense Fjord
Mesinge
Måle
Høng
Store Ebbe
Munkebo
Løve
Ørslev
Musholm
Kerteminde
Stillinge Strand
Bullerup
Øster Stillinge
Ladbyskibet
Sorø
Hundslev
Bugt
Slagelse
Kloster-K.
Frederiksberg
Skovsbo
Trælleborg
Antvorskov
E20
130

D
E
F
1
2
3
4
5
6
Oslo
SVERIGE
Haverdal
Vapnö gård
Gullbrandstorp
Miniland
Halmstad
Tylösand
Skedala
Fylleån
Trönninge
Gravfält
Eldsberga
Laholmsbukten
Laholm
Mellbystrand
Vallberga
Skottorp
Ränneslöv
Hallands Väderö
Fågelskyddsområde
Kattvik
Hov
Båstad
Bjärehalvön
Torekov
Västra Karup
Östra Karup
Grevie
Lugnarohögen
Förslöv
Margaretetorp
Hjärnarp
Vejbystrand
Skälderviken
Kullen
Kullaberg
Mölle
Arild
Krapperup
Nyhamnsläge
Brunnby
Ängelholm
Jonstorp
Farhult
Vegeholm
Tåstarp
Munka-Ljungby
Össjö
Rönne å
Höganäs
Ingelsträde
Mjöhult
Välinge
Starby
Kattarp
Ausås
Viken
Allerum
Ödåkra
Åstorp
Domsten
Hittarp
Hyllinge
Bjuv
Kropp
Mörarp
Billesholm
HELSINGBORG
Råå
Ekeby
Vallåkra
Rydebäck
Tågarp
Glumslöv
Ven
St. Ibb
Bäckviken
Asmundtorp
Citadellet
Landskrona
Saxtorp
Lundåkrabukten
Löddeköping
Barsebäckshamn
Gillhög
Bjärred
Öresund
Gilleleje
Rågeleje
Søborg Slot
Hornbæk
Hellebæk
Kronborg
Græsted
Kirke Esbønderup
Helsingør
Tikøb
Tisvildeleje
Vejby
Asserbo
Helsinge
Mårum
Liseleje
Frederiksborg
Fredensborg
Fredensborg Slot
Humlebæk
Louisiana Mus.
Hundested
Frederiksværk
Sletten
Nivågård
Rørvig
Roskilde Fjord
Kulhuse
Ølsted
Hillerød
Karlebo
Uranienborg
Skydeområde
Skævinge
Marguerit-rute
Gørløse
Lillerød
Vallerød
Hørsholm
Isefjord
Jægerspris
Slangerup
Lynge
Birkerød
Frederikssund
Kyndby Huse
Gerlev
Farum
Orø
Lyngerup
Lille Værløse
Furesø
Kongens Lyngby
Næsby
Ølstykke
Ganløse
Stenløse
Bybjerg
Jyllinge
Måløv
Skibby
Gentofte
Bognæs
Sønderby
Ballerup
Herlev
Biltris
Østrup
KØBENHAVN
Kirke Hyllinge
Roskilde
Ågerup
Ejby
Albertslund
Glostrup
Brøndby
Rye
Saltholm
Lommabukten
Lomma
Lyndby
Svogerslev
Hedhusene
Tårnby
Taastrup
Hvidovre
MALMÖ
Ledreborg
Sommerland
Vindinge
Greve
Limhamn
Kirke Hvalsø
Lejre
Gadstrup
Tune
Hundige Strand
Dragør
Særløse
Osted
Karlslunde
Greve Strand
Amager
Stestrup
Roskilde
Karlslunde Strand
København
Bunkeflostrand
Viby
Solrød Strand
N. Klagshamn
Snekkerup
Lille Skensved
Ejby
Haraldsted
Borup
Ølby Lyng
Świnoujście, Klaipeda
Øresund
Öresund
Vellinge
Køge
Køge Bugt
Ringsted
Bjævers-kov
Vemmedrup
Rønne, Sassnitz
Stroby Egede
Skanör
Höllviken
Gørslev
Herfølge
Falsterbo
Fløjterup
Sædder
E06
E20
E04
E47
E55
117
112
111
110
21
127
131

Ringkøbing
124
Mørupstenen
Ølstrup
Videbæk
Barde
Lind
Isenvad
Nørre Lyngvig
Velling
Kølkær
Hvide Sande
Ringkøbing Fjord
Ringkøbing Naturreservat
Fjord
Holmsland Klit
Havrvig
Lem
Dejbjerg
Nørre Vium
Kibæk
Arnborg
Fasterholt
Troldhede
Stavning
Skjern
Borris
Skarrild
Sønder Karstoft
Brande
Sønder Felding
Skjern Å
Omme Å
Thyrego
Lønborg
Tarm
Stakroge
Bjerregård
Tipperne
Hemmet
Ådum
Sønder Omme
Blåhøj
Give
Nymindegab
Hoven
Ølgod
Filskov
Farre
Nørre Nebel
Lydum
Lyne
Strellev
Grindsted
Lindeballe
Blåberg
Henne Strand
Henne
Lunde
Gårde
Skovlund
Legoland
Ovtrup
Horne
Skolemus.
Ansager
Billund
Engelsholm
Torstrup
Hodde
Stenderup
Hejnsvig
Marguerit-rute
Varde Å
Vejers Strand
Skyde-område
Kærup
Varde
Haltrup
Tofterup
Frederikshåb
Ribe
Vorbasse
Oksbøl
Billum
Hovborg
Ny Lifstrup
Årre
Agerbæk
Kragelund
Oksby
Ho
Ho Bugt
Skallingen
Hjerting
Tarp
Grimstrup
Sneum Å
Endrup
Terpling
Lindknud
Bække
Gesten
Vester Nykirke
Skast
Holsted
Tirslundstenen
E20
Nordby
Esbjerg
Tjæreborg
Bramming
Gørding
Holsted Stby
Brørup
Vejen
Rindby Strand
Fanø
Kærgård
Gredstedbro
Tobøl
Kongeå
Foldingbro
Skodborg
Harwich
Marguerit-rute
Ribe Å
Kalvslund
Sønder Hygum
Rødding
Sønderho
Jels
Mandø
Vester Vedsted
Fladså
Gram Slot
Gram
Hømvejle
Egebæk
Mandø By
Mandøhuset
Vade
Bugt
Høgsbro
Arnum
Gels Å
Gabøl
Skrydstr
Nordfrisiske øer
Havet
Frifelt
Sønde
Bevtoft
Brøns
Toftlund
Over Jers
Juvre
Nørre Tvismark
Skærbæk
Hønning
Lakolk
Agerskov
Rangstrup
Hovslund Stby
Rømø
Lister Dyb
Lister Tief
Brede Å
Lovrup
Horsbyg
Havneby
Randerup
jylland
Løgumkloster
Hellevad
Bådsbøl-Ballum
Bedsted
Rødekro
Jordsand
Trøjborg
Bredebro
Løgum-kloster
Alsev Kro
Arnå
List
Vester Gammelby
Vollerup
Hjord
Guldhornene
Abild
Søvang
Bolderslev
Kampen (Sylt)
Højer
Møgel-tønder
Bredevad
Rotes Kliff
Lister Ley
Schackenborg
Tønder
Jejsing
Lendemark
Terkelsbøl
Sønderjylland Syd
Nordsee-Aquarium
Westerland
Keitum
Vidå
Sæd
Tinglev
Søndera
Rudbøl
Rens
Broderup
Sylt
Morsum
Marguerit-rute
Rantum (Sylt)
Klanxbüll
Neukirchen
Süderlügum
Ladelund
Horsbüll
Emmelsbüll-
DEUTSCHLAND
Medelby
Hörnumtief
Niebüll
Klixbüll
Harrislee
Wallsbüll
Hörnum (Sylt)
Leck
Schafflund

125
129
Skanderborg
Horsens
Vejle
Fredericia
Middelfart
Kolding
ODENSE
Haderslev
Aabenraa
Sønderborg
Flensburg
Svendborg
Faaborg
Assens
Samsø
Århus Bugt
Tunø
Alrø
Hjarnø
Endelave
Æbelø
Fyn
Als
Ærø
Lyø
Avernakø
Tåsinge
Lille Bælt
Flensburger Förde
Marstal Bugt
Svanegrund
Odense Fjord
Vejle Fjord
Aabenraa Fjord
Himmelbjerget
Moesgård
Om Kloster
Ringkloster
Boller
Gyltingnæs
Palsgård
Rosenvold
Tirsbæk
Grejsdal
Løveparken
Gyldensten
Glavendrupstenen
Eggebjergård
Ladbyskibet
Blomsterpark
Langesø
Krengerup
Vilhelmsborg
Wedellsborg
Egeskov
Hvidkilde
Stensgård
Nordborg Slot
Sønderborg Slot
Vibæk Møller
Broager K.
Schloss Glücksburg
Søgård
Fraugdegård
Marguerit-rute
Veteran-jernbane
E45
E20
10 km
Klaipeda
Kalundborg

A
126
B
C
10 km
1
2
3
4
5
6
Kalundborg
Kolby Kås
Saltbæk Vig
Kaldred
Tømmerup
Bregninge
Jyderup
Havnemark
Lerchenborg
Rørby
Svebølle
Ubby
Bastrup
Vestsjælland
Jammerland
Svallerup
Tissø
Marguerit-rute
Vedbygård
Bugt
Reersø
Gørlev
Sæby
Dianalund
Ruds Vedby
Munke Bjergby
Høng
Løve
Ørslev
Musholm
Stillinge Strand
Øster Stillinge
Slagelse
Bugt
Trælleborg
Antvorskov
Kloster-
Sørbymagle
Svenstrup
E20
Vemmelev
Skørpinge
Gimlinge
Halsskov
Korsør
Boeslunde
Dalmose
Sandved
Eggeslevmagle
Skælskør
Agersø
Borreby
Agersø By
Bøgelunde
Holsteinborg
Glænø
Kirkehavn
Omø
Karrebæksminde
Smålandsfarvandet
Vejrø
Rågø Sand
Rågø
Fejø
Østerby
Onsevig
Urne
Utterslev
Kragenæs
Lilleø
Torslunde
Købelev
Horslunde
Pederstrup
Birket
Tårs
Sandby
Marguerit-rute
Vesterborg
Keldernæs
Stokkemarke
Bandholm
Nakskov
Nakskov Fjord
Halstedkloster
Søllested
Langø
Rårup
Stibanken
Østofte
Ryde Å
Kappel
Rudbjerggård
Ryde
Dannemare
Hillested
Maribo
Kristianssæde
Vester-Skørringe
Maglehøj Strand
Holeby
Kramnitse
Rødby
Lolland
Lollandia
Rødbyhavn
Errindlev
Fehmer Bælt
Fehmarnbelt
Eggebjergård
Krogsbølle
Højrup
Hasmark
Otterup
Bladstrup
Odense Fjord
Klintebjerg
Munkebo
Stige
Bullerup
Kerteminde
ODENSE
Ladbyskibet
Hundslev
Skovsbo
Nordskov
Martofte
Hindsholm
Romsø
Mesinge
Måle
Marguerit-rute
Langeskov
Ullerslev
Avnslev
Nyborg
Sprogø
Storebælt
Fraugdegård
Højby
Ferritslev
Nørre Lyndelse
Årslev
Herrested
Ørbæk
Tårup
Heden
Fyn
Ringe
Ryslinge
Nybølle
Øksendrup
Gislev
Egeskov
Kværndrup
Glorup
Bøsøre
Dammestenen
Snarup
Stenstrup
Gudbjerg
Hesselagergård
Lundeborg
Brændeskov
Langdysse
Lohals
Marguerit-rute
Ollerup
Hvidkilde
Skårup
Store Snøde
Astrup
Fjællebroen
Svendborg
Thurø By
Egeløkke
Langeland
Rantzausminde
Vindeby
Troense
Thurø
Tranekær Slot
Skarø
Korshavn
Landet
Valdemars Slot
Drejø
Tåsinge
Tranekær
Drejø By
Vemmenæs
Langelandsbroen
Hjortø
Bjerreby
Tullebølle
Birkholm
Rudkøbing
Spodsbjerg
Strynø
Langelandsbælt
Strynø By
Ærøskøbing
Marstal
Olde
Lindelse
Humble
Ærø
Kong Humbles Grav
Ristinge
Marstal Bugt
Bagenkop
Kieler Bucht
DEUTSCHLAND
Westermarkelsdorf
Fehmarn
Puttgarden
Petersdorf
Gammendorf
Landkirchen
Bannesdorf
Orth
Lemkenhafen
Burg a.F.
Windmühlenmuseum
Staberdorf
Fehmarn
Fehmarnsund
E47
Marine-Ehrenmal
Hohwachter Bucht
Schönberg (Holst.)
Hohenfelde
Heilige

D
E
F
1
2
3
4
5
6
127
Holbæk
Roskilde
Ballerup
KØBEN-
HAVN
Saltholm
Albertslund
Glostrup
Tårnby
Hvidovre
Taastrup
Sommerland
Hedehusene
Vindinge
Greve
Tune
Karlslunde
Hundige Strand
Greve Strand
Karlslunde Strand
Dragør
Amager
København
Solrød Strand
Ølby Lyng
Køge
Køge Bugt
Øresund
Öresund
Skanör
Falsterbo
Świnoujście, Klaipėda
Rønne, Sassnitz
Ledreborg
Lejre
Gadstrup
Særløse
Osted
Ugerløse
Kirke Hvalsø
Stestrup
Regstrup
Agerup
Tølløse
Ejby
Rye
Lyndby
Svogerslev
Skjoldenæsholm
St. Merløse
Stenlille
Haraldsted
Store Ebberup
Snekkerup
Borup
Viby
Lille Skensved
Ringsted
Bjævers-kov
Vemmedrup
Gørslev
Fløjterup
Herfølge
Sædder
Stroby Egede
Strøby
Klippinge
Holtug
Store Heddinge
Stevns Klint
Højerup
Stevns
Hårlev
Hellestedt
Sønder Dalby
Karise
Smerup
Marguerit-rute
Sneslev
Terslev
Næsbyholm
Glumsø
Tybjerg
Haslev
Skelby
Herlufmagle
Fensmark
Gisselfeld
Holmegaard
Herlufholm
Næstved
Holme-Olstrup
Toksværd
Rønnede
Fakse
Vemmetofte
Rødvig
Lund
Fakse Ladeplads
Sparresholm
Evedrup
Mogenstrup
Snevere
Tappernøje
Vindbyholt
Fakse
Bugt
Gavnø
Vester Egesborg
Enø
Bårse
Præstø
Bønsvig
Lundby
Svinø
Sværdborg
Udby
Mern
Sandvig
Nyord
Ulvshale
Ørslev
Vordingborg
Storstrømsbroen
Stensved
Kalvehave
Stege Bugt
Elmelunde
Hjertebjerg
Liselund
Stege
Magleby
Møns Klint
Keldbylille
Klintholm Havn
Kelby Kirke
Koster
Tærø
Røddinge
Tøvelde
Damsholte
Bogø By
Klekkende Høj
Hjelm
Bugt
Møn
Gåbense
Vålse
Nørre Alslev
Grønsund
Stubbekøbing
Hårbølle
Fanefjord K.
Næs
Maglebrænde
Eskilstrup
Skørringe
Falkerslev
Tingsted
Horbelev
Hesnæs
Majbølle
Guldborgsund
Radsted
Nykøbing F.
Sønder Kirkeby
Falster
Krenkerup
Fjelde
Toreby
Sundby
Ulslev
Fuglsang
Margueritrute
Marielyst
Bilmuseum
Alholm
Nysted
Nykøbing Strandhuse
Rødsand
Gedesby
Gedser
Warnemünde
Nationalpark
Vorpommersche
Boddenlandschaft
Prerow
Zingst
DEUTSCHLAND
Darß
Wieck a.D.
Bresewitz
Grabow
Ahrenshoop
Born a.D.
Barth
E20
E47
E55

MARCO POLO

www.marcopolo.de

Für Ihre nächste Reise gibt es folgende Titel:

Deutschland Allgäu • Amrum/Föhr • Bayerischer Wald • Berlin • Bodensee • Chiemgau/Berchtesgadener Land • Dresden/Sächsische Schweiz • Düsseldorf • Eifel • Erzgebirge/Vogtland • Franken Frankfurt • Hamburg • Harz • Heidelberg • Köln • Lausitz/Spreewald/Zittauer Gebirge • Leipzig • Lüneburger Heide/Wendland • Mark Brandenburg • Mecklenburgische Seenplatte • Mosel • München • Nordseeküste Schleswig-Holstein • Oberbayern • Ostfriesische Inseln • Ostfriesland Nordseeküste Niedersachsen • Ostseeküste Mecklenburg-Vorpommern • Ostseeküste Schleswig-Holstein • Pfalz • Potsdam Rheingau/Wiesbaden • Rügen/Hiddensee/Stralsund • Ruhrgebiet • Schwäbische Alb • Schwarzwald Stuttgart • Sylt • Thüringen • Usedom • Weimar **Österreich/Schweiz** Berner Oberland/Bern Kärnten • Österreich • Salzburger Land • Schweiz • Tessin • Tirol • Wien • Zürich **Frankreich** Bretagne Burgund • Côte d'Azur • Disneyland Paris • Elsass • Frankreich • Französische Atlantikküste • Korsika Languedoc-Roussillon • Loire-Tal • Normandie • Paris • Provence **Italien/Malta** Apulien • Capri Dolomiten • Elba/Toskanischer Archipel • Emilia-Romagna • Florenz • Gardasee • Golf von Neapel • Ischia Italien • Italienische Adria • Italien Nord • Italien Süd • Kalabrien • Ligurien • Mailand/Lombardei • Malta Oberitalienische Seen • Piemont/Turin • Rom • Sardinien • Sizilien/Liparische Inseln • Südtirol • Toskana Umbrien • Venedig • Venetien/Friaul **Spanien/Portugal** Algarve • Andalusien • Barcelona Costa Blanca • Costa Brava • Costa del Sol/Granada • Fuerteventura • Gran Canaria • Ibiza/Formentera Jakobsweg/Spanien • La Gomera/El Hierro • Lanzarote • La Palma • Lissabon • Madeira • Madrid • Mallorca Menorca • Portugal • Spanien • Teneriffa **Nordeuropa** Bornholm • Dänemark • Finnland • Island Kopenhagen • Norwegen • Schweden • Südschweden/Stockholm **Westeuropa/Benelux** Amsterdam • Brüssel • England • Flandern • Irland • Kanalinseln • London • Luxemburg • Niederlande Niederländische Küste • Schottland • Südengland **Osteuropa** Baltikum • Budapest • Estland Kaliningrader Gebiet • Lettland • Litauen/Kurische Nehrung • Masurische Seen • Moskau • Plattensee Polen • Polnische Ostseeküste/Danzig • Prag • Riesengebirge • Rumänien • Russland • Slowakei St. Petersburg • Tschechien • Ungarn **Südosteuropa** Bulgarien • Bulgarische Schwarzmeerküste • Kroatische Küste/Dalmatien • Kroatische Küste/Istrien/Kvarner • Montenegro • Slowenien **Griechenland/Türkei** Athen • Chalkidiki • Griechenland Festland • Griechische Inseln/Ägäis Istanbul • Korfu • Kos • Kreta • Peloponnes • Rhodos • Samos • Santorin • Türkei • Türkische Südküste Türkische Westküste • Zakinthos • Zypern **Nordamerika** Alaska • Chicago und die Großen Seen Florida • Hawaii • Kalifornien • Kanada • Kanada Ost • Kanada West • Las Vegas • Los Angeles • New York San Francisco • USA • USA Neuengland/Long Island • USA Ost • USA Südstaaten • USA Südwest • USA West • Washington D.C. **Mittel- und Südamerika** Argentinien • Brasilien • Chile • Costa Rica • Dominikanische Republik • Jamaika • Karibik/Große Antillen • Karibik/Kleine Antillen • Kuba Mexiko • Peru/Bolivien • Venezuela • Yucatán **Afrika/Vorderer Orient** Ägypten • Djerba/Südtunesien • Dubai/Vereinigte Arabische Emirate • Israel • Jemen • Jerusalem • Jordanien • Kapstadt/Wine Lands/Garden-Route • Kenia • Marokko • Namibia • Qatar/Bahrain/Kuwait • Rotes Meer/Sinai Südafrika • Syrien • Tunesien **Asien** Bali/Lombok • Bangkok • China • Hongkong/Macau • Indien Japan • Ko Samui/Ko Phangan • Malaysia • Nepal • Peking • Philippinen • Phuket • Rajasthan • Shanghai • Singapur • Sri Lanka • Thailand • Tokio • Vietnam **Indischer Ozean/Pazifik** Australien • Malediven • Mauritius • Neuseeland • Seychellen • Südsee

Cityguides Berlin für Berliner • Frankfurt für Frankfurter • Hamburg für Hamburger • München für Münchner • Stuttgart für Stuttgarter **Sprachführer** Arabisch • Englisch • Französisch • Griechisch • Italienisch • Kroatisch • Niederländisch • Norwegisch • Polnisch • Portugiesisch • Russisch Schwedisch • Spanisch • Tschechisch • Türkisch • Ungarisch

Hier finden Sie alle in diesem Reiseführer erwähnten Orte und Ausflugsziele, wichtige Sachbegriffe und Personen. Halbfette Seitenzahlen verweisen auf den Haupteintrag, kursive auf ein Foto.

Schreiben Sie uns!

Liebe Leserin, lieber Leser,

wir setzen alles daran, Ihnen möglichst aktuelle Informationen mit auf die Reise zu geben. Dennoch schleichen sich manchmal Fehler ein – trotz gründlicher Recherche unserer Autoren/innen. Sie haben sicherlich Verständnis, dass der Verlag dafür keine Haftung übernehmen kann. Wir freuen uns aber, wenn Sie uns schreiben.

Senden Sie Ihre Post an die Marco Polo Redaktion,
MAIRDUMONT, Postfach 31 51, 73751 Ostfildern,
info@marcopolo.de

Impressum

Titelbild: Marstal/Ærø (Mauritius: Curtis)
Fotos: Foto-Presse: Timmermann (82); R. Freyer (U r., 9, 18, 22, 84); U. Haafke (2 u., 11, 27, 31, 42, 55, 60, 66, 102, 104); G. Hartmann (U l., u M., 1, 2 o., 6, 12, 34, 48, 100); HB Verlag (14, 28, 35, 99, 107, 108); O. Heinze (5 l., 57, 58, 59, 63, 65, 74, 76, 79, 88, 91); Huber: Gräfenhain (4, 26, 33, 37, 47, 49, 52, 53, 68, 73, 78, 85, 92, 97), Huber (16), Schmid (5 r., 20); Mauritius: Curtis (119), Nägele (62); D. Renckhoff (7); Schapowalow: Nacivet (94); D. Schröder (24, 25); T. Stankiewicz (41, 70)

3. (11.), aktualisierte Auflage 2006 © MAIRDUMONT, Ostfildern
Herausgeber: Ferdinand Ranft, Chefredakteurin: Marion Zorn
Lektor: Manfred Pötzscher, Bildredakteurin: Gabriele Forst
Kartografie Reiseatlas: © MAIRDUMONT/Falk Verlag, Ostfildern
Vermarktung: MAIRDUMONT MEDIA, media@mairdumont.com
Gestaltung: red.sign, Stuttgart
Sprachführer: in Zusammenarbeit mit Ernst Klett Sprachen GmbH, Stuttgart, Redaktion PONS Wörterbücher

Printed in Germany. Gedruckt auf 100% chlorfrei gebleichtem Papier

Bloß nicht!

Einige Hinweise, damit Sie in Dänemark nicht ungewollt ins Fettnäpfchen treten

Überall mit Euro zahlen wollen

Der Euro setzt sich durch – und auch viele Geschäfte in Dänemark akzeptieren das neue Geld als Zweitwährung, insbesondere in Großstädten oder Tourismuszentren. Müssen muss aber kein Kaufmann, denn noch gilt die Dänische Krone als die wahre Währung.

Das skandinavische Vertrauensprinzip missbrauchen

Vertrauen gegen Vertrauen: Dänen sind ehrliche Menschen. An Straßenrändern werden Obst, Gemüse, Kaminholz usw. angeboten – eine kleine Blechdose steht fürs Bezahlen bereit. Kontrolliert wird nicht, es gilt das Vertrauensprinzip, das auch in Garderoben von Museen oder bei nicht abgeschlossenen Auto- oder Haustüren Anwendung findet.

Mit mehr als einer Rute angeln

Das gilt als ähnlich unfein wie das Drängeln im Supermarkt. Wer es dennoch tut, muss damit rechnen, als großspurig oder ignorant zu gelten.

Die deutsche Fahne hissen

Im ganzen Königreich weht vor Häusern und Feriendomizilen der Danebrog. Andere Flaggen als die dänische zu hissen ist nicht nur gesetzlich verboten, sondern – insbesondere im Fall von Schwarz-Rot-Gold – ein Fauxpas, der nicht zuletzt auf Grund der jüngeren deutsch-dänischen Vergangenheit vermieden werden sollte.

Den Strand mit Sandburgen übersäen

Das Bauen von Sandburgen ist in Dänemark ein unbekanntes Phänomen – und gilt als Erkennungszeichen für Urlauber aus Deutschland. Denn die egalitären Dänen schrecken vor dem territorialen Anspruch zurück, der mit dem Burgenbauen verbunden ist.

Glauben, jeder Däne könne Deutsch sprechen

Auch wenn die meisten Dänen Deutsch in der Schule lernen bzw. gelernt haben: Nicht jeder kann oder möchte die fremde Sprache auch anwenden. Wer also als Urlauber im Geschäft oder Restaurant als selbstverständlich erwartet, in seiner Muttersprache verstanden zu werden, wird auf Unverständnis stoßen. Höflichkeit ist Trumpf – oder ein Versuch in Englisch.